essentials

Essentials liefern aktuelles Wissen in konzentrierter Form. Die Essenz dessen, worauf es als „State-of-the-Art" in der gegenwärtigen Fachdiskussion oder in der Praxis ankommt. *Essentials* informieren schnell, unkompliziert und verständlich

- als Einführung in ein aktuelles Thema aus Ihrem Fachgebiet
- als Einstieg in ein für Sie noch unbekanntes Themenfeld
- als Einblick, um zum Thema mitreden zu können

Die Bücher in elektronischer und gedruckter Form bringen das Fachwissen von Springerautor*innen kompakt zur Darstellung. Sie sind besonders für die Nutzung als eBook auf Tablet-PCs, eBook-Readern und Smartphones geeignet. *Essentials* sind Wissensbausteine aus den Wirtschafts-, Sozial- und Geisteswissenschaften, aus Technik und Naturwissenschaften sowie aus Medizin, Psychologie und Gesundheitsberufen. Von renommierten Autor*innen aller Springer-Verlagsmarken.

Ferdinand Hofmann · Sebastian Petrov · Vincent Sünderhauf

SEO und Online-PR synergetisch planen

Mehr Umsatz durch die wirksame Kombination von Sichtbarkeit und Vertrauen

Ferdinand Hofmann
seosupport GmbH
Berlin, Deutschland

Sebastian Petrov
seosupport GmbH
Berlin, Deutschland

Vincent Sünderhauf
seosupport GmbH
Berlin, Deutschland

ISSN 2197-6708 ISSN 2197-6716 (electronic)
essentials
ISBN 978-3-658-48244-2 ISBN 978-3-658-48245-9 (eBook)
https://doi.org/10.1007/978-3-658-48245-9

Die Deutsche Nationalbibliothek verzeichnet diese Publikation in der Deutschen Nationalbibliografie; detaillierte bibliografische Daten sind im Internet über https://portal.dnb.de abrufbar.

© Der/die Herausgeber bzw. der/die Autor(en), exklusiv lizenziert an Springer Fachmedien Wiesbaden GmbH, ein Teil von Springer Nature 2025

Das Werk einschließlich aller seiner Teile ist urheberrechtlich geschützt. Jede Verwertung, die nicht ausdrücklich vom Urheberrechtsgesetz zugelassen ist, bedarf der vorherigen Zustimmung des Verlags. Das gilt insbesondere für Vervielfältigungen, Bearbeitungen, Übersetzungen, Mikroverfilmungen und die Einspeicherung und Verarbeitung in elektronischen Systemen.
Die Wiedergabe von allgemein beschreibenden Bezeichnungen, Marken, Unternehmensnamen etc. in diesem Werk bedeutet nicht, dass diese frei durch jede Person benutzt werden dürfen. Die Berechtigung zur Benutzung unterliegt, auch ohne einen gesonderten Hinweis hierzu, den Regeln des Markenrechts. Die Rechte des/der jeweiligen Zeicheninhaber*in sind zu beachten.
Der Verlag, die Autor*innen und die Herausgeber*innen gehen davon aus, dass die Angaben und Informationen in diesem Werk zum Zeitpunkt der Veröffentlichung vollständig und korrekt sind. Weder der Verlag noch die Autor*innen oder die Herausgeber*innen übernehmen, ausdrücklich oder implizit, Gewähr für den Inhalt des Werkes, etwaige Fehler oder Äußerungen. Der Verlag bleibt im Hinblick auf geografische Zuordnungen und Gebietsbezeichnungen in veröffentlichten Karten und Institutionsadressen neutral.

Springer Gabler ist ein Imprint der eingetragenen Gesellschaft Springer Fachmedien Wiesbaden GmbH und ist ein Teil von Springer Nature.
Die Anschrift der Gesellschaft ist: Abraham-Lincoln-Str. 46, 65189 Wiesbaden, Germany

Wenn Sie dieses Produkt entsorgen, geben Sie das Papier bitte zum Recycling.

Was Sie in diesem *essential* finden können

- Warum Suchmaschinenoptimierung (SEO) in Kombination mit Online-Reputationsmanagement (ORM) schneller bessere Ergebnisse liefern kann
- Die Grundlagen der Suchmaschinenoptimierung (SEO) und des Online-Reputationsmanagements (ORM)
- Ob sich eine Investition Ihrerseits in SEO & ORM lohnt

Hinweis zur Gender-Regelung

Aus Gründen der besseren Lesbarkeit verwenden wir in diesem Buch die männliche Form. Selbstverständlich richten sich unsere Texte an alle Leserinnen und Leser gleichermaßen.

Vorwort

Dieses Buch entstand aus dem Wunsch, unsere langjährige Expertise in einem umfassenden Leitfaden zu bündeln. Seit Jahren – ja, sogar Jahrzehnten – setzen wir bei der seosupport GmbH gezielte Strategien um, um Unternehmen in der digitalen Welt sichtbar und erfolgreich zu machen. Suchmaschinenoptimierung (SEO) sorgt für Reichweite, während Online-Reputationsmanagement (ORM) Vertrauen schafft und potenzielle Kunden überzeugt.

Diese einzigartige Kombination von Maßnahmen, hat bereits zahlreiche KMUs, internationale Konzerne, führende DAX-Unternehmen und Fortune-500-Firmen nachhaltig erfolgreich gemacht. Doch oft werden SEO und Online-Reputationsmanagement als getrennte Disziplinen betrachtet – dabei entfalten sie ihre volle Wirkung erst im Zusammenspiel.

Wie genau diese Synergien entstehen, welche konkreten Strategien dahinterstehen und wie Unternehmen davon profitieren können, wird in diesem Buch beschrieben. Denn der größte Vorteil dieser Kombination ist es, mehr Kunden zu gewinnen, sie einfacher zu überzeugen und damit nachhaltig den Umsatz zu steigern.

Wir wünschen Ihnen gute Erkenntnisse.

Berlin Ferdinand Hofmann
im April 2025 Sebastian Petrov
 Vincent Sünderhauf

Inhaltsverzeichnis

1	**Einleitung**	1
	1.1 Grundlagen der Suchmaschinenoptimierung und des Online-Reputationsmanagements	2
	1.1.1 Synergieeffekte zwischen SEO und ORM	2
	1.1.2 Relevanz von SEO und ORM	3
2	**Suchmaschinenoptimierung (SEO)**	7
	2.1 Strategischer Nutzen und Ziel der Suchmaschinenoptimierung ...	7
	2.2 SEO als Werkzeug zur Kundengewinnung	9
	2.3 Vorteile von SEO	10
	2.4 Nachteile von SEO	11
	2.5 Ablauf der Suchmaschinenoptimierung	11
	2.5.1 Keyword und Keywordliste	11
	2.5.2 Keywordrecherche	12
	2.5.2.1 Suchintention	12
	2.5.2.2 Wettbewerb	13
	2.5.2.3 Suchvolumen	14
	2.5.3 Keywordmapping	14
	2.5.4 Content	15
	2.5.5 Technik	16
	2.5.6 Backlinks	17
	2.6 KPIs und Messung	18
3	**Online-Reputationsmanagement (ORM)**	19
	3.1 Strategischer Nutzen des Online Reputationsmanagements	19
	3.2 SERPs als wichtigster Touchpoint des ORM	20

	3.3	Online-Pressearbeit (Online-PR)	22
		3.3.1 Grundlagen der Online-Pressearbeit	22
		3.3.2 Unterschiede in den Veröffentlichungsformaten	24
		3.3.3 Medienkanäle	25
		3.3.4 Suchmaschinenoptimierung (SEO) der Presseartikel	26
	3.4	Bewertungsmanagement	27
		3.4.1 Strategien zur aktiven Steuerung von Bewertungen	27
		3.4.2 Umgang mit negativen Bewertungen	28
		3.4.3 Authentizität als Schlüssel zur Glaubwürdigkeit	28
	3.5	Profile	29
	3.6	Facetten des Online-Reputationsmanagement	29
4	**Synergieeffekte**		31
	4.1	Synergieeffekte aus SEO-Sicht	31
		4.1.1 ORM-Veröffentlichungen sind Backlinks	32
		4.1.2 Nicht alle Verlinkungen haben denselben Mehrwert	33
		4.1.3 Warum selbst No-Follow-Links wertvoll sein können	34
	4.2	Synergieeffekte aus einer Vertrauenssicht	34
		4.2.1 Idealtypische Customer Journey bei High-Involvement-Produkten	34
		4.2.2 SEO-Optimierung der Online-Reputationsmaßnahmen	36
	4.3	Die perfekte Symbiose von SEO und Online-Reputationsmanagement	38
5	**Suchmaschine versus Künstliche Intelligenz (KI)**		39
	5.1	Too Big to Fail	39
	5.2	Suchintention der Nutzer	40
		5.2.1 Suchmaschinen: Aufschlüsselung nach Suchintentionen	41
		5.2.2 Künstliche Intelligenz: Aufschlüsselung nach Nutzerintentionen	42
	5.3	Fazit	42

Was sie aus dem *essential* mitnehmen können ... 45

Literatur ... 47

Über die Autoren

Bild Ferdinand Hofmann

Ferdinand Hofmann Ferdinand Hofmann ist ein erfahrener Marketer mit einem Fokus auf strategisches und integriertes Marketing. Durch seine Tätigkeit unter anderem als Head of Marketing und Business Development bei mehreren Marketingagenturen (seosupport, Catchmeifyoucan, Reichweitenagentur und Gipfelstark) hat er ein breites Spektrum an Erfahrungen gesammelt. Seine Anfänge begannen im Bereich der Kundengewinnung durch Suchmaschinenoptimierung (SEO) in Kombination mit Online-Reputationsmanagement (ORM). Im Laufe der Jahre hat Ferdinand seine Expertise kontinuierlich erweitert – von Search Engine Advertising (SEA), Social Media Marketing (SMM) über Sales, Business Development bis hin zu Employer Branding. Diese Vielseitigkeit ermöglicht es ihm, Marketingstrategien aus einer ganzheitlichen Perspektive zu betrachten. Sein akademischer Hintergrund im Bereich Marketing, gepaart mit umfassender praktischer Erfahrung, macht Ferdinand Hofmann zu einem Experten für ganzheitliche Marketingstrategien.

Bild Sebastian Petrov

Sebastian Petrov Sebastian Petrov ist seit 2006 Geschäftsführer der Online Marketing Agentur seosupport mit den Agenturstandorten Berlin, München und St. Gallen. Er ist als Vorreiter im Bereich Online-Sichtbarkeit und digitale Markenpositionierung einer der führenden Köpfe im Online-Marketing im Dach-Raum. Neben seosupport leitet er insgesamt vier spezialisierte Marketing-Agenturen, die unterschiedliche Bereiche der digitalen Vermarktung abdecken. Mit Catchmeifyoucan unterstützt er Unternehmen im Employer Branding, die Reichweitenagentur konzentriert sich auf Social Content, Social Ads und Influencer Marketing. Mit der Gipfelstark GmbH bietet er Full-Service-Marketing in der Schweiz an.

Zu seinen Kunden zählen KMUs, Fortune-500-Unternehmen, führende DAX-Konzerne sowie internationale Großunternehmen. Sein Ziel ist es, digitale Vermarktungsstrategien fest in die Unternehmenskultur seiner Kunden zu integrieren und nachhaltige Erfolge zu sichern. Mit seinem 50-köpfigen Team entwickelts er Strategien, um Umsatzpotenziale im digitalen Raum zu maximieren und Marken langfristig zu stärken.

Als führender Experte für Suchmaschinenoptimierung (SEO), Online-Reputation, Employer Branding, Performance Marketing und digitale Unternehmenspositionierung wird Petrov regelmäßig als Keynote-Speaker für Unternehmen und Organisationen gebucht.

Zusätzlich ist Petrov mehrfacher Buchautor, hat sein Fachwissen in zahlreichen Publikationen weitergegeben und engagiert sich als Co-Gründer sowie Business Angel in verschiedenen Start-ups. Mit seiner Erfahrung unterstützt er innovative Geschäftsmodelle und trägt aktiv zur Weiterentwicklung der digitalen Marketingbranche bei.

Über die Autoren

Bild Vincent Sünderhauf

Vincent Sünderhauf Vincent Sünderhauf ist ein Online-Marketing-Pionier der ersten Stunde und zählt zu den versiertesten Experten im DACH-Raum in den Bereichen Online-Sichtbarkeit, Online-Reputation, Online-Reichweite und Employer Branding. Seit 2006 leitet er den Digital-Dienstleister seosupport, der mit Standorten in Berlin, München und St. Gallen vertreten ist. Was einst als Vision eines 19-jährigen Abiturienten nach Freiheit und Selbstverwirklichung begann, hat sich zu einem inhabergeführten Unternehmensnetzwerk mit über 50 Mitarbeitenden aus mehr als 12 Nationen entwickelt. Neben seosupport, das Unternehmen durch gezielte Suchmaschinenoptimierung (SEO) und Online Reputationsmanagement (ORM) zu mehr Sichtbarkeit und Vertrauen im digitalen Raum verhilft, führt Sünderhauf weitere spezialisierte Agenturen. Mit Catchmeifyoucan unterstützt er Unternehmen im Employer Branding, während die Reichweitenagentur Strategien für den Aufbau von Social-Media-Reichweite entwickelt. Die Agentur Gipfelstark bietet umfassende Omnichannel-Marketinglösungen für den Schweizer Markt. Seine Expertise gibt Sünderhauf als Lehrbeauftragter an Universitäten weiter und wird regelmäßig als Keynote-Speaker für Unternehmen und Organisationen gebucht. Darüber hinaus ist er mehrfacher Buchautor und hat in über 21 Unternehmen investiert, die er nicht nur finanziell, sondern auch strategisch als Business Angel begleitet. Sein Fokus liegt darauf, Marken digital weiterzuentwickeln, Unternehmen stabil zu positionieren und nachhaltige Wachstumschancen zu schaffen.

Einleitung 1

Dieses Buch zeigt auf, wie die Kombination aus Suchmaschinenoptimierung (SEO) und Online-Reputationsmanagement (ORM) Unternehmen dabei hilft, mehr potenzielle Kunden zu gewinnen und diese gezielt zu überzeugen. Während SEO dafür sorgt, dass Unternehmen in den Suchergebnissen sichtbar werden, stärkt ORM das Vertrauen in die Marke und ihre Angebote. Diese beiden Disziplinen werden häufig als getrennte Marketingstrategien betrachtet – dabei entfalten sie erst im Zusammenspiel ihre volle Wirkung.

Um die Synergieeffekte zwischen SEO und ORM nachvollziehbar zu machen, beginnt das Buch mit einer Einführung in die Grundlagen beider Disziplinen. Zunächst wird erläutert, welche Ziele Suchmaschinenoptimierung und Online-Reputationsmanagement verfolgen, warum sie für Unternehmen von entscheidender Bedeutung sind und wie sie sich voneinander abgrenzen. Dabei werden zentrale Begriffe definiert und praxisnahe Beispiele gegeben, um ein grundlegendes Verständnis für beide Strategien zu schaffen.

Im Anschluss wird die Suchmaschinenoptimierung ganzheitlich betrachtet. Es werden die wichtigsten Faktoren für erfolgreiche SEO-Maßnahmen erläutert – von der technischen Optimierung über Content-Strategien bis hin zur Offpage-Optimierung. Danach folgt ein umfassendes Kapitel zum Online-Reputationsmanagement, in dem aufgezeigt wird, wie Unternehmen ihre digitale Außendarstellung aktiv steuern und gezielt Vertrauen aufbauen können.

Nachdem beide Disziplinen ausführlich behandelt wurden, widmet sich das Buch dem Kernstück: den Synergieeffekten zwischen SEO und ORM. Hier wird detailliert analysiert, wie sich diese beiden Strategien ergänzen, welche konkreten Vorteile sich aus ihrer Kombination ergeben und wie Unternehmen ihre digitale Präsenz durch die gezielte Verzahnung beider Maßnahmen optimieren können.

© Der/die Autor(en), exklusiv lizenziert an Springer Fachmedien Wiesbaden GmbH, ein Teil von Springer Nature 2025
F. Hofmann et al., *SEO und Online-PR synergetisch planen*, essentials, https://doi.org/10.1007/978-3-658-48245-9_1

Abschließend befasst sich das letzte Kapitel mit einem hochaktuellen Thema: „Suchmaschinenoptimierung versus Künstliche Intelligenz". Hier wird beleuchtet, wie sich die Entwicklungen in der KI auf die Google-Suchalgorithmen und das digitale Marketing auswirken. Die Autoren, die sich seit über 20 Jahren mit SEO und ORM beschäftigen, geben ihre Einschätzung dazu, inwieweit Künstliche Intelligenz eine Konkurrenz oder eine Ergänzung zur klassischen Suchmaschinenoptimierung darstellt und welche Veränderungen Unternehmen in Zukunft erwarten können.

Dieses Buch bietet somit nicht nur eine umfassende Einführung in SEO und ORM, sondern zeigt auch praxisnah, wie Unternehmen durch die gezielte Kombination beider Maßnahmen langfristig erfolgreicher werden können.

1.1 Grundlagen der Suchmaschinenoptimierung und des Online-Reputationsmanagements

1.1.1 Synergieeffekte zwischen SEO und ORM

Die Kombination von Suchmaschinenoptimierung (SEO) mit Maßnahmen des Online-Reputationsmanagements (ORM) liefert nachweislich schneller und nachhaltiger Ergebnisse als der isolierte Einsatz beider Ansätze. Diese beiden Disziplinen der digitalen Kommunikation wirken synergetisch zusammen und schaffen einen erheblichen Wettbewerbsvorteil für Unternehmen, die beide Strategien gezielt integrieren.

Der Vorteil zeigt sich konkret in einer gesteigerten Anzahl von Webseitenbesuchern, sowie in einer höheren Conversion-Rate (CVR) dieser. Durch die optimierte Sichtbarkeit und eine gleichzeitig gestärkte Vertrauensbasis gewinnen potenzielle Kunden schneller Vertrauen in das Unternehmen und seine Produkte. Dadurch treffen sie Kaufentscheidungen nicht nur zügiger, sondern häufig auch in größerem Umfang, was die Marktposition stärkt und zu einer signifikanten Umsatzsteigerung führt. Wie diese Synergieeffekte im Detail wirken und optimal genutzt werden können, wird in den kommenden Kapiteln erläutert. Vorab unsere Definitionen der einzelnen Begriffe:

▶ **Definition: Suchmaschinenoptimierung (SEO)**
Suchmaschinenoptimierung (SEO) umfasst eine Vielzahl von Strategien und Maßnahmen, die darauf abzielen, die Platzierung einer Website in den Suchergebnissen von Suchmaschinen wie Google, Bing oder DuckDuckGo zu verbessern. Ziel ist es, die Website bei relevanten Suchbegriffen (Keywords) möglichst weit

oben zu positionieren. Dies erhöht die Sichtbarkeit der Website, lockt mehr potenzielle Besucher an und führt zu einer Steigerung des Umsatzes.

▶ **Definition: Online-Reputationsmanagement (ORM)**
Die Online-Reputation spiegelt den Ruf eines Unternehmens, einer Marke, eines Produkts oder einer Dienstleistung im digitalen Raum wider. Sie wird unter anderem durch Bewertungen, Fachartikel, (Social-Media)-Profile (auf Personen- oder Unternehmensebene) und Auszeichnungen beeinflusst. Das Online-Reputationsmanagement (ORM) umfasst alle bewussten Maßnahmen zur Steuerung und Kontrolle dieser Reputation. Ziel ist es, Vertrauen bei potenziellen Kunden sowie weiteren Stakeholdern wie Investoren oder Bewerbern aufzubauen und zu festigen.

▶ **Definition: Conversion Rate (CVR)**
Die Conversion Rate (CVR) ist ein zentraler Key Performance Indicator (KPI) im Online-Marketing. Sie beschreibt das prozentuale Verhältnis zwischen der Anzahl der Nutzer und der Anzahl derjenigen, die eine gewünschte Aktion ausführen. Solche Aktionen können vielfältig sein, wie beispielsweise das Ausfüllen eines Kontaktformulars, der Kauf eines Produkts, die Anmeldung für einen Newsletter oder das Herunterladen einer App. Eine hohe Conversion Rate zeigt, wie erfolgreich eine Maßnahme oder Kampagne dabei ist, die definierten Ziele zu erreichen.

1.1.2 Relevanz von SEO und ORM

Bevor detailliert darauf eingegangen wird, wie die Kombination aus Suchmaschinenoptimierung (SEO) und Online-Reputationsmanagement (ORM) funktioniert, ist es wichtig, den Kontext zu klären: Für welche Unternehmen, Marken, Produkte und Dienstleistungen ist diese Kombination sinnvoll und warum? Eine präzise Eingrenzung hilft dabei den Nutzen dieser Marketingstrategie besser zu verstehen und anzuwenden.

Warum SEO für nahezu alle Unternehmen sinnvoll ist
Suchmaschinenoptimierung (SEO) ist ein zentraler Bestandteil moderner Marketingstrategien, da sie darauf abzielt, Produkte und Dienstleistungen online auffindbar zu machen. Dies ist besonders relevant, da die meisten Konsumenten heute vor einer Kaufentscheidung online „googeln". Unternehmen, deren Zielgruppe Produkte oder Dienstleistungen über Suchmaschinen wie Google sucht, profitieren daher stark von SEO.

Dies schließt fast alle Branchen ein – vom Einzelhandel über Dienstleister bis hin zu großen B2B-Unternehmen. Allerdings gibt es branchenspezifische Unterschiede, die berücksichtigt werden müssen. Faktoren wie Wettbewerbsintensität, Zielgruppenverhalten, verfügbares Budget und die Art des Produkts beeinflussen, wie sinnvoll und erfolgversprechend SEO ist. In manchen Fällen können alternative oder ergänzende Maßnahmen effektiver sein, weshalb eine individuelle Analyse und Abwägung unerlässlich ist.

Online-Reputationsmanagement: Sinnvoll für Unternehmen mit High-Involvement-Produkten
Während SEO eine breite Anwendbarkeit hat, zeigt sich der Nutzen von Online-Reputationsmanagement (ORM) besonders bei Unternehmen, die High-Involvement-Produkte oder -Dienstleistungen anbieten oder dies beabsichtigen. Der Begriff „High Involvement" beschreibt Käufe, die mit einer hohen Beteiligung und intensiven Auseinandersetzung seitens des Käufers verbunden sind.

▶ **Definition: High Involvement**
High-Involvement-Käufe sind durch folgende Merkmale gekennzeichnet:

- **Lange Entscheidungsprozesse:** Käufer investieren viel Zeit in die Recherche, den Vergleich von Alternativen und die Entscheidungsfindung.
- **Hohe Geldbeträge:** Der finanzielle Einsatz ist oft erheblich, was die Kaufentscheidung umso bedeutsamer macht.
- **Mehrere Entscheidungsträger:** Vor allem im B2B-Bereich sind häufig mehrere Personen oder Abteilungen in den Kaufprozess involviert.

Beispiel: High Involvement
Ein typisches Beispiel für ein High-Involvement-Produkt im B2B-Bereich ist die Auswahl einer Unternehmensberatung. Potenzielle Kunden holen in der Regel mehrere Angebote ein, vergleichen Leistungen und Preise und berücksichtigen dabei auch die Reputation der Anbieter. Die Beträge, um die es dabei geht, liegen häufig im sechsstelligen Bereich. Im B2C-Bereich könnte ein Autokauf als

1.1 Grundlagen der Suchmaschinenoptimierung …

Beispiel dienen: Der Prozess umfasst oft wochen- bis monatelange Überlegungen, Probefahrten und Preisvergleiche.

▶ **Definition: Low Involvement**
Im Gegensatz dazu stehen Low-Involvement-Produkte, bei denen die Kaufentscheidungen schnell und mit wenig kognitiver Beteiligung getroffen werden. Diese Käufe zeichnen sich aus durch:

- **Kurze Entscheidungsprozesse:** Häufig erfolgen sie impulsiv oder innerhalb weniger Sekunden.
- **Niedrige Geldbeträge:** Die finanziellen Risiken sind minimal.
- **Einzelne Entscheidungsträger:** Der Kaufprozess ist in der Regel unkompliziert.

Beispiel: Low Involvement
Ein klassisches Beispiel für ein Low-Involvement-Produkt ist der Kauf von Lebensmitteln wie Tomaten im Supermarkt oder ein Besuch in einem Restaurant.

▶ **Wichtig**
Die Kombination aus SEO und ORM ist nicht universell für alle Unternehmen im gleichen Maße relevant. Sie ist jedoch besonders effektiv für:

- Unternehmen mit komplexen und hochpreisigen Dienstleistungen.
- Branchen mit langen Entscheidungsprozessen und mehreren Entscheidungsträgern.
- Marken, die Vertrauen und Glaubwürdigkeit aufbauen möchten, um potenzielle Kunden bei High-Involvement-Käufen zu überzeugen.

Für Low-Involvement-Produkte ist SEO oft ausreichend, während ORM in solchen Fällen selten oder im geringeren Umfang benötigt wird.

Suchmaschinenoptimierung (SEO) 2

2.1 Strategischer Nutzen und Ziel der Suchmaschinenoptimierung

SEO steht für **Search Engine Optimization,** auf Deutsch **Suchmaschinenoptimierung.** Dabei handelt es sich um eine strategische Methode, die darauf abzielt, die Platzierung einer Website in den natürlichen oder **organischen Suchergebnissen** einer Suchmaschine wie Google zu verbessern. Wichtig hierbei ist die Unterscheidung zwischen den natürlichen Suchergebnissen (SEO) und den **bezahlten Anzeigen** (SEA bzw. Search Engine Advertising), die ebenfalls auf den Suchergebnisseiten (SERPs) erscheinen können. Die natürlichen Suchergebnisse werden von der Suchmaschine selbst anhand eines Algorithmus ausgewählt, wobei Faktoren wie Relevanz, Qualität und Nutzerfreundlichkeit berücksichtigt werden. Für Anzeigen (SEA) bezahlt der Werbetreibende typischerweise pro Click eine festgelegte Summe direkt an die Suchmaschine (siehe Abb. 2.1).

Suchmaschinenoptimierung (SEO) bietet im Vergleich zur Suchmaschinenwerbung (SEA) einige entscheidende Vorteile. Einer der wichtigsten ist das Vertrauen der Nutzer in organische Suchergebnisse: 93,2 % aller Klicks entfallen auf organische Treffer, während lediglich 6,8 % der Klicks auf bezahlte Anzeigen (SEA) entfallen (Beus, 2025). Dies zeigt, dass Nutzer organische Suchergebnisse als glaubwürdiger und relevanter wahrnehmen.

Ein weiterer Vorteil von SEO ist, dass keine Kosten pro Klick anfallen. Sobald eine Website gut in den Suchergebnissen platziert ist, entstehen keine laufenden Ausgaben für Klicks, wie es bei SEA der Fall ist. Suchmaschinenwerbung hingegen verursacht Kosten für jeden Besucher, der über eine Anzeige auf die Seite gelangt.

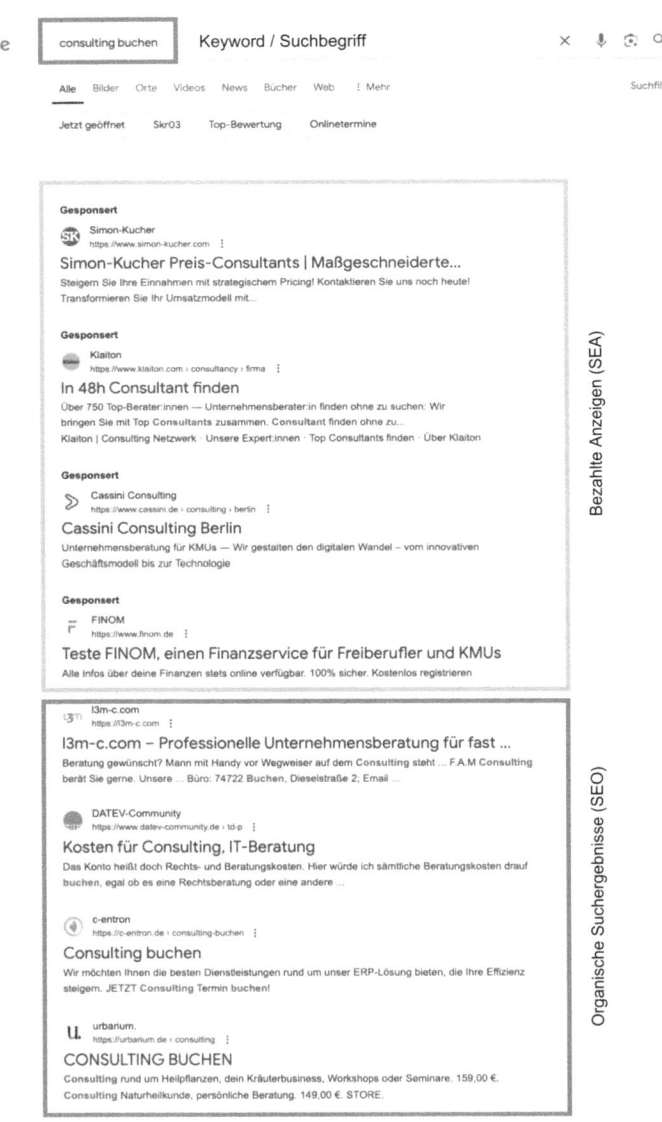

Abb. 2.1 Suchmaschinensuchergebnisse Unterscheidung zwischen SEO und SEA

Allerdings hat SEA einen entscheidenden Vorteil: Die Umsetzung erfolgt schnell. Werbekampagnen können innerhalb weniger Tage oder Wochen aufgesetzt werden und sofort Traffic generieren. SEO hingegen benötigt oft mehrere Monate – in der Regel zwischen vier und sechs Monate –, bis erste nennenswerte Ergebnisse sichtbar werden.

In der Praxis setzen viele Unternehmen auf eine Kombination beider Strategien. Häufig wird SEA in den ersten sechs Monaten genutzt, um kurzfristig Umsatz zu generieren. Sobald SEO erste Erfolge zeigt, wird das Werbebudget oft reduziert und verstärkt auf organische Strategien gesetzt.

Das gemeinsame Ziel von SEO und SEA besteht darin, eine Website zu relevanten Suchbegriffen (Keywords) möglichst weit oben in den Suchergebnissen zu platzieren. Denn je prominenter eine Seite erscheint, desto höher ist die Wahrscheinlichkeit, dass Nutzer darauf klicken – und letztlich zu Kunden werden.

2.2 SEO als Werkzeug zur Kundengewinnung

SEO ist ein mächtiges Instrument, das Unternehmen hilft, gezielt neue Kunden zu gewinnen. Insbesondere Firmen, die ihre Produkte oder Dienstleistungen online vermarkten, streben danach, für generische und transaktionsorientierte Suchbegriffe wie „Schuhe kaufen" oder „Consulting buchen" weit oben in den Suchergebnissen zu erscheinen. Je besser eine Website optimiert ist, desto höher sind ihre Chancen, von der Zielgruppe wahrgenommen und besucht zu werden.

Der Erfolgsmaßstab der Suchmaschinenoptimierung wird oft daran gemessen, ob es gelingt, für ein bestimmtes Keyword das sogenannte „erste Ranking" zu erreichen – also den ersten Platz in den Google-Suchergebnissen. Dieser Prozess der kontinuierlichen Optimierung, um die Website auf die obersten Positionen zu bringen, ist der Kern von SEO.

▶   **Wichtig: Ablauf der Suchmaschinenoptimierung**
    Suchmaschinenoptimierung teilt sich immer in drei Teilbereiche, diese werden häufig parallel zueinander durchgeführt:

- Analyse und Keywords (Beinhaltet Keywordrecherche, Keywordmapping)
- Onpage-Maßnahmen (Beinhaltet alle Maßnahmen auf der Webseite selbst: z. B. Content und Technik)
- Offpage-Maßnahmen (Beinhaltet alle Maßnahmen außerhalb der Webseite: z. B. Backlinks)

2.3 Vorteile von SEO

1. Nachhaltige Kundengewinnung
SEO ermöglicht eine **nachhaltige Kundengewinnung,** die über viele Jahre hinweg Bestand haben kann. Sobald eine Website erfolgreich für bestimmte Keywords optimiert ist und eine gute Position in den Suchmaschinen erreicht hat, bleibt diese Position in der Regel über längere Zeit erhalten. Im Vergleich zu bezahlten Werbekampagnen, die nur so lange laufen, wie das Budget vorhanden ist, bietet SEO einen kontinuierlichen Zustrom potenzieller Kunden.

2. Niedrigere Kosten pro Klick
Ein weiterer Vorteil von SEO liegt in den häufig **deutlich niedrigeren Kosten pro Besucher/Klick** im Vergleich zu anderen Marketingkanälen wie bezahlten Werbekampagnen (z. B. Google Ads). Bei bezahlten Anzeigen fallen pro Klick oder Impression fortlaufende Kosten an, während SEO nach der initialen Optimierung auf organischen Traffic setzt. Dies bedeutet, dass die Reichweite und der Erfolg einer Website nicht direkt von der Höhe des Werbebudgets abhängen.

Studien zeigen, dass SEO mehr Interessenten anspricht (circa 75 %), da die organischen Suchergebnisse von Nutzern als vertrauenswürdiger wahrgenommen werden und Anzeigen gerne übersprungen werden.

3. Teil des Inbound-Marketings
SEO ist ein zentraler Bestandteil des **Inbound-Marketings,** einer Marketingstrategie, die darauf abzielt, Kunden auf natürliche Weise anzuziehen, anstatt sie durch aufdringliche Werbemaßnahmen zu unterbrechen. Im Gegensatz zu klassischen Werbeformaten, die oft als störend empfunden werden, wird SEO von Nutzern nicht als Werbung wahrgenommen. Stattdessen erleben sie die Inhalte, die über SEO optimiert wurden, als nützlich, informativ und relevant für ihre Bedürfnisse.

Diese nicht-intrusive Art des Marketings führt zu einer höheren **Akzeptanz und Vertrauenswürdigkeit** bei der Zielgruppe. Nutzer suchen aktiv nach Informationen oder Lösungen, und wenn eine optimierte Website genau diese liefert, wird sie als glaubwürdiger und hilfreicher wahrgenommen. Dadurch steigt nicht nur die Wahrscheinlichkeit, dass Nutzer die Website besuchen, sondern auch, dass sie eine langfristige Bindung zum Unternehmen aufbauen.

2.4 Nachteile von SEO

1. Zeitaufwand

Einer der größten und wichtigsten Nachteile von SEO ist der zu leistende **Zeitaufwand,** bis erste spürbare Ergebnisse erzielt werden. Es kann je nach Wettbewerbsintensität und der Ausgangssituation einer Website zwischen **4 und 8 Monaten** oder sogar länger dauern, bis SEO-Maßnahmen messbare Effekte zeigen.

2. Hohe Anfangsinvestition

Ein weiterer wesentlicher Nachteil von SEO ist die **hohe Anfangsinvestition,** die insbesondere in der initialen Phase der Optimierung anfällt.

3. Technische Umsetzung

Die **technische Komplexität** von SEO stellt für viele Unternehmen eine große Herausforderung dar. SEO erfordert ein tiefgehendes Verständnis von Suchmaschinenalgorithmen, Nutzerverhalten und technischen Website-Strukturen. Größere Unternehmen verfügen oft über interne Ressourcen, um diese Anforderungen zu bewältigen. **Kleine und mittelständische Unternehmen (KMU)** hingegen müssen häufig auf externe Unterstützung durch Marketingagenturen oder SEO-Fachleute zurückgreifen. Dies führt nicht nur zu zusätzlichen Kosten, sondern birgt auch das Risiko, an Anbieter mit mangelnder Expertise zu geraten.

2.5 Ablauf der Suchmaschinenoptimierung

2.5.1 Keyword und Keywordliste

Der erste Schritt bei der Arbeit mit Keywords besteht darin, relevante Begriffe für die eigenen Produkte oder Dienstleistungen zu identifizieren. Dieser Prozess beginnt meist mit der Erstellung einer Keyword-Liste, die potenziell mehrere hundert oder sogar tausend Begriffe umfassen kann. Bei der Erstellung dieser Liste helfen verschiedene Tools. Eine Auflistung ist auf den kommenden Seiten zu finden.

2.5.2 Keywordrecherche

Sobald diese Liste steht, stellt sich jedoch die Frage: **Welche Keywords sind tatsächlich sinnvoll für die Optimierung?** Es wäre weder effizient noch zielführend, alle Keywords gleichermaßen zu berücksichtigen. Daher kommen drei entscheidende Faktoren ins Spiel, die bei der Auswahl der Keywords berücksichtigt werden müssen:

1. **Suchintention:** Welche Absicht steckt hinter der Eingabe eines Keywords?
2. **Wettbewerb:** Wie viele andere Webseiten versuchen, für dasselbe Keyword zu ranken?
3. **Suchvolumen:** Wie oft wird das Keyword monatlich gesucht?

2.5.2.1 Suchintention

Die **Suchintention** ist der Beweggrund, aus dem ein Nutzer ein bestimmtes Keyword eingibt. Für Suchmaschinen wie Google ist es nicht nur wichtig, relevante Keywords zu erkennen, sondern auch die dahinterliegende Intention des Nutzers zu verstehen.

Die Suchintention lässt sich in drei Hauptkategorien unterteilen (siehe Tab. 2.1):

1. **Transaktionale Suchintention:** Nutzer mit einer transaktionalen Absicht suchen nach einem bestimmten Produkt oder einer Dienstleistung, die sie kaufen möchten. Beispiele hierfür sind Keywords wie „Schuhe kaufen" oder „Consulting buchen". Diese Keywords sind besonders wertvoll, da sie Nutzer ansprechen, die kurz vor einer Conversion stehen – also einer Handlung, die direkt Umsatz generiert.
2. **Informationale Suchintention:** Bei dieser Art von Suchanfragen geht es darum, Informationen zu erhalten. Beispiele sind Keywords wie „Wie sinnvoll sind Schuheinlagen?" oder „Was ist SEO?". Nutzer suchen hier nach Antworten auf konkrete Fragen oder möchten sich zu einem Thema weiterbilden. Diese Keywords sind hier nicht umsatzgenerierend, spielen aber eine wichtige Rolle in der Content-Marketing-Strategie, da sie Vertrauen aufbauen und langfristig die Markenwahrnehmung stärken können.
3. **Navigationale Suchintention:** Nutzer mit navigationaler Intention möchten zu einer spezifischen Webseite oder Ressource gelangen. Beispiele sind Marken- oder Firmennamen wie „seosupport GmbH" oder „Amazon Login". Diese Suchanfragen setzen voraus, dass der Nutzer bereits weiß, wonach er sucht, und lediglich die Suchmaschine nutzt, um schneller an sein Ziel zu gelangen.

2.5 Ablauf der Suchmaschinenoptimierung

Tab. 2.1 Suchintention von Keywords, eigene Darstellung.

Suchintention	Erklärung	Beispiel	Wichtigkeit für SEO
Transaktional	Nahe an einer Conversion (Umsatzgenerierend)	Schuhe kaufen	hoch
Informational	Auf der Suche nach Informationen	Was ist SEO?	niedrig
Navigational	Der Suchende kennt bereits sein Ziel	seosupport GmbH	hoch

Die Bedeutung der Suchintention
Die Identifikation der Suchintention hilft Unternehmen dabei, ihre Inhalte gezielt zu optimieren. Ein transaktionales Keyword wie „Schuhe kaufen" sollte eher ausgewählt werden als ein informationales Keyword wie „Was ist SEO?".

Beispiel – Toolstipps
Folgende Tools eignen sich unserer Meinung nach besonders gut zur Keywordrecherche:

- Sistrix (professionell)
- SEMrush (anfängerfreundlich)
- Ahrefs (professionell)
- Ubersuggest (anfängerfreundlich)
- Google Keywordplanner (kostenlos)

2.5.2.2 Wettbewerb

Der Wettbewerb im Online-Marketing beschreibt die Höhe der Konkurrenz für bestimmte Keywords. Zum einen spielt die Anzahl der Webseiten eine Rolle, die für dasselbe Keyword ranken möchten – je mehr Konkurrenz besteht, desto schwieriger wird es, eine gute Platzierung in den Suchergebnissen zu erreichen. Zum anderen beeinflusst die Qualität der miteinander rankenden Webseiten den Wettbewerb.

Je nach verwendetem Tool wird der Wettbewerbsgrad unterschiedlich dargestellt, häufig in Form einer Skala von 0 bis 100. Ein Wert von 0 bedeutet, dass kaum oder gar kein Wettbewerb für das jeweilige Keyword besteht, während ein Wert von 100 auf eine sehr starke Konkurrenz hinweist. Diese Bewertung hilft Unternehmen dabei einzuschätzen, wie herausfordernd es sein wird, für ein bestimmtes Keyword eine gute Position in den Suchergebnissen zu erreichen und ob es sinnvoll ist, auf alternative Suchbegriffe auszuweichen.

2.5.2.3 Suchvolumen

Das Suchvolumen beschreibt die Anzahl der Suchanfragen für einen bestimmten Suchbegriff. In der Regel wird dieser Wert landesspezifisch angegeben, beispielsweise für Deutschland, und auf monatlicher Basis gemessen. Keywords, auf die typischerweise optimiert wird, weisen in der Regel ein Suchvolumen zwischen mindestens 10 und maximal 10.000 Suchanfragen pro Monat auf.

Grundsätzlich gibt auch eine Vielzahl von Keywords, die monatlich weit über 10.000-mal gesucht werden. In solchen Fällen liegt die Hauptintention der Suchanfragen häufig nicht im transaktionalen Bereich, sondern ist eher informationsgetrieben. Selbst wenn ein stark nachgefragtes Keyword eine transaktionale Absicht aufweist, geht dies in der Regel mit einer extrem hohen Konkurrenz einher. Dies macht eine gezielte Optimierung oft unwirtschaftlich, da der erforderliche Aufwand in keinem angemessenen Verhältnis zum potenziellen Nutzen steht.

2.5.3 Keywordmapping

Nach Abschluss der Keywordrecherche liegt nun eine final ausgewählte Keywordliste vor. Diese enthält idealerweise eine ausgewogene Kombination aus Keywords mit transaktionaler Suchintention, die je nach Suchvolumen und Wettbewerb entweder kurzfristig oder langfristig erreichbar sind.

Der nächste Schritt besteht darin, jedes Keyword oder jede Keywordgruppe einer spezifischen Seite der Website zuzuordnen – dies passiert mithilfe des Keywordmappings (s. Tab. 2.2). Als Keywordgruppe ist eine Gruppe von Suchbegriffen zu verstehen, die dieselbe Intention des Nutzers abdecken und typischerweise ähnlich sind, beispielsweise „schuhe online kaufen" und „Onlineshop schuhe".

> **Definition: IST-URL und SOLL-URL**
>
> Hierbei unterscheidet man zwischen der **IST-URL** und der **SOLL-URL**:
>
> - **IST-URL:** Die Seite, auf der die Website aktuell für ein Keyword rankt, falls dies bereits der Fall ist.
> - **SOLL-URL:** Die Seite, die idealerweise für das Keyword ranken soll. Dies kann eine bereits existierende Seite sein oder eine neue Seite, die noch erstellt werden muss.◄

2.5 Ablauf der Suchmaschinenoptimierung

Tab. 2.2 Vereinfachtes Keywordmapping, eigene Darstellung.

Keyword	Aktuelle Position in der Suchmaschine	IST URL	SOLL URL	Sich daraus ergebende Aufgabe
Beispiel 1	1	https://beispiel.de	https://beispiel.de	Optimierung der vorhandenen Unterseite
Keyword 2	8	https://beispiel.de/keyword-2/	https://beispiel.de/keyword-2/	Optimierung der vorhandenen Unterseite
Suchbegriff 3	77	https://beispiel.de/keyword-2/	https://beispiel.de/suchbegriff-3/	Erstellung einer neuen Unterseite

Optimierung oder Neuerstellung: Wann welche Maßnahme?
Ein entscheidender Teil des Keywordmappings ist die Abwägung, ob eine bestehende Seite optimiert oder eine neue Seite erstellt werden sollte:

- **Optimierung bestehender Seiten:** Wenn die IST-URL thematisch bereits zum Keyword passt und die Rankings stabil sind, sollte die Seite optimiert werden. Dies kann beispielsweise durch die Erweiterung der Inhalte oder die Verbesserung der internen Verlinkung erfolgen.
- **Erstellung neuer Seiten:** Wenn die IST-URL nicht thematisch passt oder die Rankings instabil sind, sollte eine neue Seite erstellt werden. Diese neue Seite sollte von Anfang an mit hochwertigen Inhalten und einer klaren Keyword-Ausrichtung erstellt werden, um die besten Chancen auf ein gutes Ranking zu haben.

2.5.4 Content

Nach der Keywordrecherche folgt die Erstellung und Optimierung von Content, also Inhalten, die die definierten Keywords optimal integrieren und die Suchintention der Nutzer erfüllen. Ziel ist es, Inhalte zu schaffen, die Fragen beantworten und Bedürfnisse klar adressieren.

Content muss sowohl die Fragen der Nutzer beantworten als auch die Suchbegriffe gezielt in den Text integrieren. Ein Beispiel: Bei der Suchanfrage „Was ist SEO?" erwartet der Nutzer einen erklärenden Text, der die Grundlagen der Suchmaschinenoptimierung beleuchtet und dabei das Keyword auf natürliche Weise verwendet. Diese doppelte Ausrichtung auf Nutzerbedürfnisse und Keyword hilft auch Google, die Relevanz des Inhalts besser einzuordnen. Eine zentrale Regel lautet: **Content sollte immer zuerst für den Menschen optimiert werden und erst danach für die Suchmaschine.** Google verfolgt dasselbe Ziel – nämlich die beste Antwort auf die Intention des Nutzers zu liefern. Tricks oder Manipulationen mögen kurzfristig wirken, langfristig bleibt echter Mehrwert der einzige Weg, um in den Suchergebnissen oben zu stehen.

Auch bei KI-generiertem Content gilt: Solange der Inhalt hochwertig ist und die Suchintention erfüllt wird, wird er von Google akzeptiert. Für eine tiefere Auseinandersetzung mit den Grundlagen der Content- und Onpage-Optimierung empfiehlt sich das Buch Smart David vs. Digital Goliath (Sünderhauf & Petrov, 2018).

2.5.5 Technik

Der technische Bereich ist ein essenzieller Bestandteil der Onpage-Suchmaschinenoptimierung und zielt darauf ab, eine Website möglichst nutzerfreundlich und effizient zu gestalten. Während Inhalte und Keywords entscheidend sind, bildet die Technik das Fundament, auf dem die gesamte Website-Performance aufbaut.

Technische SEO-Maßnahmen haben das Ziel, eine Website sowohl für Nutzer als auch für Suchmaschinen optimal zugänglich zu machen. Suchmaschinen wie Google bewerten Webseiten anhand einer Vielzahl von Signalen – Schätzungen reichen von über 200 bis zu mehreren Tausend Ranking-Faktoren (Sullivan, 2010). Viele dieser Faktoren lassen sich im Bereich der technischen Optimierung zusammenfassen und direkt beeinflussen. Grundsätzlich gilt: Eine technisch gut strukturierte Website führt zu einer besseren Nutzererfahrung und erhöht die Wahrscheinlichkeit, in den Suchergebnissen höher zu ranken.

Nachfolgend die wichtigsten technischen Aspekte aufgelistet:

- Mobile-Freundlichkeit: Responsives Design für eine optimale Darstellung auf mobilen Geräten.
- Schnelle Ladezeiten: Kürzere Ladezeiten verbessern die Nutzererfahrung und das Ranking.
- URL-Struktur: Klare, beschreibende URLs erleichtern die Navigation und signalisieren Relevanz.

2.5 Ablauf der Suchmaschinenoptimierung

- Seitenhierarchie: Gut strukturierte Navigation mit logischen Verlinkungen.
- Medienoptimierung: Komprimierte Bilder und Alt-Tags für bessere Ladezeiten und Barrierefreiheit.

2.5.6 Backlinks

Backlinks sind Verlinkungen von einer externen Website auf eine andere. Sie sind ein zentraler Bestandteil der sogenannten Offpage-Optimierung, die neben der Content-Optimierung und der technischen Optimierung als weiterer wesentlicher Pfeiler der Suchmaschinenoptimierung gilt. Während sich die Content-Optimierung darauf konzentriert, hochwertige und relevante Inhalte bereitzustellen, und die technische Optimierung dafür sorgt, dass eine Website suchmaschinenfreundlich aufgebaut ist, beschäftigt sich die Offpage-Optimierung mit externen Faktoren – mit der Verlinkung durch andere Webseiten.

Der Mechanismus hinter Backlinks basiert auf einem einfachen Prinzip: Eine Website, die auf eine andere verweist (über einen Link), signalisiert Google, dass sie die verlinkte Seite als relevant, hochwertig und vertrauenswürdig einstuft. Suchmaschinen interpretieren diese Verlinkungen als eine Art Empfehlung oder Referenz. Vereinfacht gesagt bedeutet eine Backlink-Setzung: „Diese Seite ist gut und wertvoll – sonst würde ich sie nicht verlinken."

Allerdings ist nicht allein die Anzahl der Backlinks entscheidend, sondern vor allem deren Qualität. Ein hochwertiger Backlink stammt von einer seriösen, thematisch relevanten und gut etablierten Website. Eine große Menge an minderwertigen oder wahllos gesetzten Links bringt hingegen keinen nennenswerten SEO-Vorteil und kann im schlimmsten Fall sogar als Manipulationsversuch gewertet werden und wird dann durch Google abgestraft.

Daher gilt der Grundsatz: Qualität vor Quantität. Hochwertige Verlinkungen von anerkannten Medien, Fachportalen oder autoritativen Websites haben einen wesentlich stärkeren Einfluss auf das Suchmaschinenranking als zahlreiche Links von unbekannten oder wenig relevanten Seiten. Eine detaillierte Analyse dazu, wie sich Backlinks bewerten lassen und welche Strategien für ein nachhaltiges Linkbuilding sinnvoll sind, findet sich im Buch Grundlagen der Offpage-Optimierung (Sünderhauf, 2022) das sich intensiv mit den verschiedenen Aspekten dieses Themenbereichs auseinandersetzt.

2.6 KPIs und Messung

Die wichtigsten Key Performance Indicators (KPIs) zur Messung des Erfolgs einer Suchmaschinenoptimierung (SEO) sind die Entwicklung der definierten Keywords, also die konkreten Rankings in der Google-Suche, sowie die Anzahl der monatlichen Klicks auf die Website. Diese KPIs lassen sich mit einer Vielzahl an SEO-Tools messen. Besonders hervorzuheben sind SISTRIX und SEMrush, die detaillierte Einblicke in die Keyword-Performance und Ranking-Entwicklung bieten. Zur Überprüfung der monatlichen Besucherzahlen eignet sich insbesondere die Google Search Console – ein kostenloses Tool von Google, das wertvolle Daten zur organischen Sichtbarkeit und zum Nutzerverhalten liefert.

Online-Reputationsmanagement (ORM) 3

3.1 Strategischer Nutzen des Online Reputationsmanagements

Online-Reputationsmanagement (ORM) ist ein wesentlicher Bestandteil des digitalen Marketings und zielt darauf ab, das Vertrauen bei allen relevanten Stakeholdern eines Unternehmens, einer Marke, einer Person oder eines Produkts/einer Dienstleistung aufzubauen und zu pflegen. Eine starke Online-Reputation beeinflusst direkt den Erfolg eines Unternehmens, indem sie Verkaufszahlen, Umsatzzahlen, Gewinne und Kundenanfragen steigert. Die Zielgruppen für ORM sind nicht nur bestehende Kunden, sondern auch potenzielle Kunden, Partner, Multiplikatoren, Investoren und Mitarbeiter.

In der heutigen digitalen Welt wird der Ruf eines Unternehmens maßgeblich durch Online-Bewertungen, Social Media, Presseartikel und die allgemeine Wahrnehmung auf Plattformen wie Google beeinflusst. Ein positiver Ruf führt zu mehr Vertrauen, was wiederum zu einer stärkeren Markenbindung und höheren Verkaufszahlen führen kann.

Das Hauptziel von ORM ist es, Vertrauen zu schaffen und zu bewahren. Durch die gezielte Beeinflussung der Online-Präsenz eines Unternehmens wird dessen Ruf positiv und vor allem aktiv gestaltet. ORM stellt sicher, dass ein Unternehmen oder eine Marke in der Öffentlichkeit positiv wahrgenommen wird, was zu mehr Kundenbindung, einer stärkeren Markenidentität und letztlich zu mehr Umsatz führt.

In diesem Buch wird ORM aus drei Perspektiven betrachtet: Online-Pressearbeit, Bewertungsmanagement, Social-Media-Profile und die Google-Suchergebnisseite (SERP – Search Engine Results Page) als Touchpoint. Diese

© Der/die Autor(en), exklusiv lizenziert an Springer Fachmedien Wiesbaden GmbH, ein Teil von Springer Nature 2025
F. Hofmann et al., *SEO und Online-PR synergetisch planen*, essentials, https://doi.org/10.1007/978-3-658-48245-9_3

drei Instrumente helfen dabei, die Online-Reputation zu steuern und das Vertrauen der Stakeholder zu stärken. Vor allem für Unternehmen mit High-Involvement-Produkten ist ORM besonders wichtig. Dies begründet sich durch die typischerweise längeren Entscheidungswege und der damit einhergehenden Informationssuche über das Unternehmen.

3.2 SERPs als wichtigster Touchpoint des ORM

Der wichtigste Touchpoint/Berührungspunkt im Online-Reputationsmanagement ist die Google-Suchergebnisseite (SERP). Häufig recherchieren potenzielle Kunden oder Mitarbeiter, bevor sie sich für ein Unternehmen oder eine Marke entscheiden. Dies tun sie, indem sie den Unternehmensnamen oder Begriffe wie „Erfahrungen mit Unternehmen XY" in die Google-Suche eingeben. Was in den Google-Suchergebnissen erscheint, hat einen maßgeblichen Einfluss darauf, ob sich ein potenzieller Kunde oder Mitarbeiter für oder gegen das Unternehmen entscheidet. Zwei gegensätzliche Szenarien verdeutlichen dies:

- **Variante A:** Ein potenzieller Kunde findet neben der Unternehmenswebsite keine weiteren relevanten Informationen und stößt lediglich auf einen bedeutungslosen Branchenbucheintrag. Diese Informationen tragen wenig zur Entscheidungsfindung bei.
- **Variante B:** Ein potenzieller Kunde findet den Unternehmensnamen und sieht dabei 5-Sterne-Bewertungen bei Google, Kununu und Trustpilot. Zudem stößt er auf ein Interview im Handelsblatt sowie einen Artikel in der Süddeutschen Zeitung über das Produkt des Unternehmens. Zusätzlich findet er gepflegte Social-Media-Profile des Unternehmens mit mehreren tausend Followern.

In welchem Fall wird sich der Nutzer vermutlich für das Unternehmen entscheiden? Es ist eindeutig, dass Variante B deutlich überzeugender wirkt. Festzuhalten ist also, dass die Google-Suchergebnisse (SERPs) ein äußerst wichtiger Touchpoint für die Wahrnehmung eines Unternehmens sind.

In Abb. 3.1 wird beispielhaft gezeigt, wie ideale Google-Suchergebnisse für eine Person aussehen können. Das Beispiel ist auf eine Einzelperson bezogen, lässt sich aber ebenso auf Unternehmen, Produkte oder Dienstleistungen übertragen.

Ein Blick auf die Abbildung zeigt, dass Vincent Sünderhauf – einer der Autoren dieses Buches – gegoogelt wurde. Die Suchergebnisse vermitteln sofort Vertrauen. Warum? Schauen wir uns die Ergebnisse von oben nach unten an:

3.2 SERPs als wichtigster Touchpoint des ORM

Abb. 3.1 Idealtypische Google-Suchergebnisse eines Unternehmers, eigene Darstellung

- Bilder – Direkt sichtbar sind Bilder von Vincent sowie eine Auszeichnung in Forbes
- Profile und Webauftritte – Weiter unten erscheinen die Webseiten seiner Unternehmen sowie persönliche und berufliche Social-Media-Profile
- Buchveröffentlichungen – Klar ersichtlich ist, dass Vincent Sünderhauf vier verschiedene Bücher veröffentlicht hat (und hiermit das fünfte).
- Presseveröffentlichungen – Artikel in der Westdeutschen Zeitung und eine Pressemitteilung auf PresseBox.
- Auszeichnung – Eine Mitgliedschaft im Forbes Business Council.

Diese Suchergebnisse vermitteln dadurch Expertenstatus, Präsenz und damit ein hohes Maß an Vertrauen.

▶ **Wichtig**
Die Google-Suchergebnisse (SERPs) sind der zentrale Touchpoint im Online-Reputationsmanagement. Potenzielle Kunden und Mitarbeiter recherchieren häufig vor einer Entscheidung, indem sie den Unternehmensnamen oder Begriffe wie „Erfahrungen mit XY" suchen. Was sie dort finden, beeinflusst maßgeblich ihre Entscheidung.

3.3 Online-Pressearbeit (Online-PR)

3.3.1 Grundlagen der Online-Pressearbeit

Online-Pressearbeit bezeichnet die gezielte Veröffentlichung von Artikeln in Medien, um das Vertrauen in ein Unternehmen, eine Marke oder eine Person zu erhöhen. Dabei gibt es verschiedene Herangehensweisen, die jeweils unterschiedliche Strategien erfordern und sich an verschiedene Unternehmensgrößen sowie Zielsetzungen anpassen lassen.

Eine traditionelle Methode besteht darin, den klassischen journalistischen Weg zu gehen, wie er teils von großen Unternehmen genutzt wird. In diesem Fall veröffentlicht eine Firma beispielsweise eine Pressemitteilung zu einer Neuigkeit oder einem besonderen Ereignis und streut diese über einen Presseverteiler, sodass sie von relevanten Journalisten und Redakteuren wahrgenommen werden kann. Wenn ein Journalist an dem Thema interessiert ist, wird er möglicherweise eine Anfrage stellen, weitere Informationen einholen oder sogar ein Interview mit einer zentralen Ansprechperson des Unternehmens führen. Anschließend entscheidet er, ob und in welcher Form er über das Thema berichtet.

3.3 Online-Pressearbeit (Online-PR)

Allerdings ist diese Vorgehensweise für kleinere und mittelständische Unternehmen nur bedingt geeignet, da sie oft nicht über die Bekanntheit oder den Einfluss verfügen, um von Redaktionen automatisch berücksichtigt zu werden. Zudem gibt es keine Kontrolle darüber, wie die Journalisten das Thema tatsächlich aufbereiten. Unternehmen müssen damit rechnen, dass bestimmte Aspekte ihrer Botschaft nicht erwähnt oder kritisch hinterfragt werden.

Eine alternative Möglichkeit besteht darin, die Pressearbeit gezielt zu steuern und strategisch zu nutzen. Hier kommen häufig PR-Agenturen ins Spiel, die über etablierte Kontakte zu Redaktionen und Medienhäusern verfügen und in der Lage sind, Themen aktiv zu platzieren. Eine solche Agentur kann nicht nur klassische Pressemitteilungen verbreiten, sondern in vielen Fällen auch direkt Inhalte in verschiedenen Publikationen unterbringen. Dadurch lassen sich gezielt Botschaften in den gewünschten Medien veröffentlichen, ohne auf die ungewisse Entscheidung einzelner Journalisten angewiesen zu sein.

Das Hauptziel der Online-Pressearbeit ist es, Vertrauen bei potenziellen Kunden oder Interessenten aufzubauen. Gerade im digitalen Zeitalter, in dem Nutzer oft unsicher sind, welche Quellen vertrauenswürdig sind, spielt eine Präsenz in bekannten Medien eine entscheidende Rolle. Wenn ein Unternehmen in renommierten Publikationen erwähnt wird, reduziert dies Unsicherheiten und steigert die Glaubwürdigkeit. Letztlich soll durch diese gezielte Strategie das Vertrauen in die Marke so gestärkt werden, dass potenzielle Kunden sich sicher dabei fühlen, eine bestimmte Kaufentscheidung zu treffen.

Bei der Veröffentlichung von Inhalten in Medien stehen Unternehmen und PR-Agenturen vor einer Vielzahl an Möglichkeiten, die sich in Struktur, Wirkung und Glaubwürdigkeit unterscheiden. Die Wahl des richtigen Formats ist entscheidend für den Erfolg einer Kommunikationsstrategie. Grundsätzlich gibt es verschiedene Arten von Veröffentlichungen, darunter:

- Interviews, die persönliche Einblicke oder Fachwissen vermitteln.
- Fachartikel, die ein bestimmtes Thema vertiefen und häufig mit Expertenzitaten versehen sind.
- Pressemitteilungen, die gezielt zur Bekanntgabe von Unternehmensneuigkeiten oder wichtigen Ereignissen eingesetzt werden.
- Gastbeiträge und Kommentare, die es Unternehmen ermöglichen, sich als Vordenker in ihrer Branche zu positionieren.

3.3.2 Unterschiede in den Veröffentlichungsformaten

Ein wesentlicher Unterschied besteht ebenfalls zwischen Advertorials (bezahlte Inhalte) und redaktionell veröffentlichten Beiträgen (auch als Native Articles bezeichnet). Diese unterscheiden sich insbesondere in ihrer Entstehung, Wirkung und Kennzeichnungspflicht.

Advertorials sind hybride Formate, die redaktionell anmuten, jedoch als Werbung gekennzeichnet werden müssen, wenn für die Veröffentlichung eine finanzielle Gegenleistung erfolgt. Diese Verpflichtung besteht aus rechtlichen Gründen und dient der Transparenz gegenüber den Lesern. Die Kennzeichnung erfolgt üblicherweise durch Begriffe wie: „Anzeige", „Gesponsert", „Advertorial". Diese Hinweise erscheinen entweder über oder unter dem Artikel oder in Form eines gut sichtbaren Labels im Text (siehe Abb. 3.2 für einen bespielhaften Disclaimer).

Vorteile von Advertorials
- Unternehmen haben volle inhaltliche Kontrolle und können die Botschaft genau so formulieren, wie sie es wünschen.
- Die Veröffentlichung ist garantiert, sobald eine Vereinbarung mit dem Medium besteht.
- Advertorials ermöglichen eine gezielte Positionierung, da Unternehmen selbst entscheiden können, in welchen Medien ihre Inhalte erscheinen.

Nachteile von Advertorials
- Die Kennzeichnung als Werbung mindert die Glaubwürdigkeit, da Leser den werblichen Charakter sofort erkennen.
- Advertorials werden oft weniger ernst genommen als unabhängige Berichterstattung.

Im Gegensatz zu Advertorials existieren neben vielen weiteren auch noch redaktionelle Artikel (Native Articles). Redaktionelle Artikel werden von Journalisten oder Redakteuren eines Mediums unabhängig verfasst und ohne finanzielle Gegenleistung veröffentlicht. Da sie nicht als Werbung gelten, ist keine Kennzeichnung

> Anzeige - Sämtliche Inhalte dieser Seite sind ein Angebot des Anzeigenpartners. Für den Inhalt ist der Anzeigenpartner verantwortlich.

Abb. 3.2 Anzeigenkennzeichnung bei Advertorials, Beispiel

erforderlich. Diese Artikel basieren auf journalistischen Recherchen, Interviews oder Fachmeinungen und unterliegen den redaktionellen Standards des jeweiligen Mediums.

Vorteile redaktioneller Veröffentlichungen
- Sie genießen höhere Glaubwürdigkeit, da sie als neutrale Berichterstattung wahrgenommen werden.
- Leser schenken diesen Inhalten größeres Vertrauen, da sie nicht den Charakter einer bezahlten Werbebotschaft haben.
- Redaktionelle Veröffentlichungen tragen dazu bei, die Reputation eines Unternehmens nachhaltig zu stärken und es als Experten in seiner Branche zu positionieren.

Nachteile redaktioneller Veröffentlichungen
- Unternehmen haben keine vollständige inhaltliche Kontrolle, da Journalisten den Artikel eigenständig formulieren.
- Es gibt keine Veröffentlichungsgarantie, da die Entscheidung über eine Publikation allein bei der Redaktion liegt.

Um eine effektive PR-Strategie zu entwickeln, empfiehlt es sich, eine Mischung aus verschiedenen Medienformaten zu nutzen. Jedes Format erfüllt eine eigene Funktion und dient unterschiedlichen Zielsetzungen.

3.3.3 Medienkanäle

Ebenfalls ist zwischen verschiedenen Medienkanälen mit verschiedenen Zielgruppen zu unterscheiden. Veröffentlichungen in Tageszeitungen dienen zur Erhöhung der öffentlichen Wahrnehmung und medialen Reichweite. Fachmedien dienen der gezielten Ansprache von Branchenexperten. Und lokale Mediensorgen für eine stärkere regionale Präsenz und Sichtbarkeit. Wirtschaftsmagazine sorgen für eine Positionierung im unternehmerischen Kontext und in wirtschaftlich relevanten Netzwerken.

Durch eine gezielte Kombination dieser Formate und Medienkanäle kann ein Unternehmen seine Reichweite maximieren, seine Reputation stärken und seine Zielgruppe auf unterschiedlichen Ebenen effektiv erreichen.

3.3.4 Suchmaschinenoptimierung (SEO) der Presseartikel

Ein entscheidender Faktor für den Erfolg veröffentlichter Artikel ist deren gezielte Suchmaschinenoptimierung. Besonders im Bereich des Online-Reputationsmanagements spielt die Platzierung in den Suchergebnissen eine wesentliche Rolle, da die SERPs ein wichtiger Touchpoint sind. Die Grundlage einer erfolgreichen SEO-Optimierung ist eine sorgfältige Keyword-Recherche. Vor der Veröffentlichung eines Artikels sollte daher genau analysiert werden, unter welchen Suchbegriffen der Artikel in den Google-Ergebnissen erscheinen soll. Im Kontext des Online-Reputationsmanagements sind typische Suchbegriffe der Name des Unternehmens, der Geschäftsführer oder Erfahrungsberichte über die spezifischen Dienstleistungen (z. B. „Erfahrungen Unternehmen XY").

Um eine möglichst hohe Sichtbarkeit in den Suchmaschinen zu erreichen, müssen diese Keywords gezielt in den Artikel integriert werden. Dabei sollte das Haupt-Keyword – etwa der Name des Geschäftsführers – mehrfach im Text vorkommen, ohne dass es unnatürlich wirkt. Besonders wichtig ist zudem, dass das Keyword auch in der Hauptüberschrift des Artikels (H1-Tag) platziert wird, da Google dieser besonders hohe Relevanz zuschreibt. Ein bewährter Richtwert ist, dass das Hauptkeyword etwa zwei Prozent der Wörter im Text ausmacht. Neben der inhaltlichen Optimierung spielen auch Backlinks eine entscheidende Rolle für die Sichtbarkeit eines Artikels. Backlinks sind externe Verlinkungen von anderen Webseiten auf den Artikel, die Google als Vertrauenssignal interpretiert. Je mehr hochwertige Backlinks auf einen Artikel verweisen, desto relevanter erscheint er für die Suchmaschine. Da sich die gezielte Generierung von Backlinks meist als schwierig für eine ungeübte Person darstellt, kann hierfür die Unterstützung einer SEO-Agentur in Anspruch genommen werden.

Eine durchdachte SEO-Optimierung stellt sicher, dass veröffentlichte Artikel nicht nur kurzfristig Aufmerksamkeit erhalten, sondern auch langfristig in den Suchergebnissen präsent bleiben. Dies trägt wesentlich dazu bei, die Online-Reputation eines Unternehmens oder einer Person nachhaltig zu stärken.

> **Wichtig**
> Online-Pressearbeit sollte nicht isoliert betrachtet, sondern gezielt in andere Unternehmensbereiche integriert werden, um ihre Wirkung zu maximieren. Veröffentlichte Artikel lassen sich beispielsweise im Sales-Prozess nutzen, indem sie potenziellen Kunden als Referenz dienen. Zudem empfiehlt es sich, Interviews und Fachartikel in einem Newsroom auf der Website zu bündeln und über die Social-Media-Kanäle des Unternehmens sowie der Mitarbeiter (z. B. der Geschäftsleitung) zu verbreiten.

Ein weiteres wirkungsvolles Mittel (vor allem für KMUs) ist ein „Bekannt aus"-Bereich auf der Website, in dem Logos renommierter Medien Vertrauen schaffen. Allerdings gilt hier besondere Vorsicht bei Advertorials, da viele Medien die werbliche Nutzung ihrer Logos untersagen. Unternehmen sollten sich daher vorab über die Nutzungsrechte informieren oder ihre PR-Agentur um Klärung bitten.

3.4 Bewertungsmanagement

Bewertungsmanagement umfasst die gezielte Steuerung und Kontrolle des Online-Rufs eines Unternehmens, einer Marke oder einer Person durch Kunden- und Mitarbeiterbewertungen (Petrov, 2022). Bewertungen auf relevanten Plattformen haben einen direkten Einfluss darauf, wie ein Unternehmen wahrgenommen wird und ob sich potenzielle Kunden oder Mitarbeiter dafür oder dagegen entscheiden.

Zu den wichtigsten Bewertungsplattformen gehören Google-Bewertungen, die sowohl in der Google-Suche als auch auf Google Maps über das Google-Business-Profil angezeigt werden. Weitere relevante Plattformen sind Trustpilot, ProvenExpert und Yelp. Im Bereich physischer Produkte spielen zusätzlich Kundenbewertungen auf Marktplätzen wie Amazon oder direkt im Online-Shop eine entscheidende Rolle. Für Arbeitgeberbewertungen sind insbesondere Kununu und Glassdoor von Bedeutung.

Positive Bewertungen stärken das Vertrauen in ein Unternehmen und können potenzielle Kunden oder Mitarbeiter überzeugen, während negative Bewertungen abschreckend wirken können. Daher liegt der Fokus des Bewertungsmanagements darauf, positive Rezensionen gezielt zu fördern und negative Einträge möglichst zu minimieren.

3.4.1 Strategien zur aktiven Steuerung von Bewertungen

Ein bewährter Ansatz zur Förderung positiver Bewertungen ist die direkte Ansprache zufriedener Kunden. Anstatt auf gekaufte Bewertungen zurückzugreifen – was von vielen Plattformen erkannt und als Manipulation gekennzeichnet wird – ist es sinnvoller, bestehende Kunden gezielt zur Abgabe einer Bewertung zu motivieren. Dies kann über verschiedene Wege erfolgen:

- Automatisierte Anfragen per E-Mail oder innerhalb einer App nach Abschluss einer Transaktion oder Dienstleistung
- Integration in bestehende Kunden-Touchpoints, etwa durch eine Erinnerung beim Check-out im Online-Shop oder an der Rezeption eines Hotels oder einer Arztpraxis
- Persönliche Ansprache durch Mitarbeiter, beispielsweise nach einem erfolgreichen Beratungsgespräch oder einer abgeschlossenen Dienstleistung

3.4.2 Umgang mit negativen Bewertungen

Bei negativen Bewertungen gibt es grundsätzlich zwei Handlungsoptionen. Die erste Möglichkeit ist eine sachliche und lösungsorientierte Antwort auf die Bewertung. Idealerweise geht das Unternehmen konkret auf das Problem ein und bietet eine Lösung an, um den Schaden zu begrenzen und zu zeigen, dass Kundenfeedback ernst genommen wird.

Die zweite Möglichkeit ist die Löschung einer Bewertung, sofern diese gegen die Richtlinien der Plattform verstößt. Dies kann beispielsweise der Fall sein, wenn eine Bewertung nachweislich falsch oder unzulässig ist, etwa bei unwahren Behauptungen oder unlauteren Praktiken. Die Durchsetzung einer Löschung ist je nach Plattform mit unterschiedlichem Aufwand verbunden. Eine professionelle Online-Reputationsagentur oder ein spezialisierter Dienstleister kann Unternehmen in diesem Prozess unterstützen.

3.4.3 Authentizität als Schlüssel zur Glaubwürdigkeit

Ein glaubwürdiges Bewertungsprofil zeichnet sich durch eine natürliche Mischung aus positiven und neutralen Bewertungen aus. Ein durchschnittlicher Bewertungswert von 5,0 Sternen kann unrealistisch wirken und Misstrauen wecken. Ein strategisch durchdachtes Bewertungsmanagement sollte daher auf Authentizität setzen und nicht nur auf eine makellose Bewertungshistorie abzielen.

Darüber hinaus können positive Bewertungen nicht nur auf der jeweiligen Plattform verbleiben, sondern aktiv weiterverwendet werden. Beispielsweise lassen sie sich auf der Unternehmenswebsite einbinden, über Social Media teilen oder in Marketingmaterialien nutzen, um das Vertrauen potenzieller Kunden weiter zu stärken. Eine ganzheitliche Kommunikationsstrategie sorgt dafür, dass Bewertungen nicht nur gesammelt, sondern auch gezielt in die Außendarstellung eines Unternehmens integriert werden.

3.5 Profile

Obwohl Profile im Kontext des Online-Reputationsmanagements nur am Rande behandelt werden, spielen sie dennoch eine wesentliche Rolle. Sie sind oft der erste Berührungspunkt zwischen einer Person, einem Unternehmen oder einer Marke und deren potenziellen Kunden, Geschäftspartnern oder Interessenten. Zudem bieten sie einen vergleichsweise einfachen, Einstieg in die gezielte Beeinflussung der Online-Reputation.

Mit Profilen sind sämtliche digitale Auftritte einer Person, eines Unternehmens oder einer Marke gemeint, die öffentlich zugänglich sind. Dazu zählen vor allem Social-Media-Profile auf Plattformen wie Instagram, LinkedIn, Facebook und YouTube. Darüber hinaus gibt es branchenspezifische Profile, die je nach Fachgebiet oder Berufsfeld von Bedeutung sein können. Gerade auf Personenebene können Auszeichnungen oder Businessprofile – etwa in Forbes oder im Manager Magazin – als digitale Visitenkarte dienen und die Reputation nachhaltig stärken. Diese Profile tragen nicht nur zur Sichtbarkeit in den Suchmaschinen bei, sondern fungieren auch als zentrale Anlaufstellen für Informationen über eine Person oder ein Unternehmen.

Ein ganzheitliches Online-Reputationsmanagement umfasst daher die Erstellung und Pflege solcher Profile. Auch wenn Profile nur einen Teil des Reputationsmanagements ausmachen, sind sie dennoch ein Instrument, um die öffentliche Wahrnehmung aktiv zu steuern und langfristig eine glaubwürdige und professionelle Online-Präsenz aufzubauen.

3.6 Facetten des Online-Reputationsmanagement

Die Online-Reputation eines Unternehmens oder einer Person ist ein vielschichtiges und umfassendes Thema, das zahlreiche Aspekte umfasst. Ein zentraler Bestandteil ist die Überwachung der Google-Suchergebnisse (SERPs), da diese häufig der erste Berührungspunkt für potenzielle Kunden, Geschäftspartner oder Bewerber sind. Ebenso spielen Pressearbeit, Bewertungsmanagement und die Pflege von Profilen auf verschiedenen Plattformen eine entscheidende Rolle.

Darüber hinaus gibt es weitere Elemente, die zur Online-Reputation beitragen. Dazu zählen unter anderem Social-Media-Präsenz, Wikipedia-Artikel, Auszeichnungen und Urkunden sowie andere Faktoren, die Einfluss auf die öffentliche Wahrnehmung haben.

Synergieeffekte 4

Im Folgenden wird dargestellt, welche konkreten Synergieeffekte sich aus der Kombination von Suchmaschinenoptimierung zur Steigerung der Sichtbarkeit und Reputationsmanagement zur Vertrauensbildung ergeben. Dabei werden sowohl die Vorteile aus SEO-Perspektive als auch die Vorteile aus Sicht des Vertrauensaufbaus betrachtet. Beide Aspekte ergänzen sich und verstärken sich gegenseitig, was zu schnelleren Ergebnissen in den Google-Suchergebnissen sowie zu einer effektiveren und einfacheren Kundenüberzeugung führt.

Konkret bedeutet dieser Ansatz für Unternehmen und Marken eine effizientere Umsetzung ihrer Online-Strategie, indem sowohl die Sichtbarkeit in Suchmaschinen als auch die Vertrauenswürdigkeit gezielt optimiert werden. Dies ermöglicht eine schnellere Gewinnung von Kunden und eine höhere Erfolgsquote im Verkaufsprozess. Die Kombination dieser beiden Maßnahmen deckt somit den wichtigsten Teil der Customer Journey ab – von der ersten Aufmerksamkeit über die Informationssuche bis hin zur Kaufentscheidung.

4.1 Synergieeffekte aus SEO-Sicht

Backlinks und Offpage-Maßnahmen spielen eine zentrale Rolle in der Suchmaschinenoptimierung und sind ein wesentlicher Faktor für die Sichtbarkeit einer Website. Diesen Effekt machen wir uns gezielt zunutze, sodass sämtliche PR-Veröffentlichungen nicht nur zur Vertrauenserzeugung beitragen, sondern auch einen direkten positiven Einfluss auf das SEO-Ranking haben.

Ein Backlink ist eine Verlinkung von einer externen Website auf eine andere (dies wurde bereits ausführlich im Kapitel Suchmaschinenoptimierung behandelt). In der SEO-Praxis gilt: Je hochwertiger die verweisende Seite, desto größer der positive Effekt auf das Ranking. Der zugrunde liegende Mechanismus ist einfach: Google erkennt die Verlinkung als eine Art Empfehlung und interpretiert sie als Hinweis darauf, dass die verlinkte Website vertrauenswürdig und relevant ist. Schließlich würde eine seriöse Webseite nicht ohne Grund auf eine andere verweisen.

Allerdings ist nicht die reine Anzahl der Backlinks entscheidend, sondern vor allem deren Qualität. Hochwertige Backlinks von anerkannten Medien oder renommierten Webseiten haben einen deutlich höheren SEO-Wert als eine Vielzahl von Links von unbekannten oder unseriösen Quellen. Seiten, die massenhaft ausgehende Links enthalten, bieten in der Regel wenig Mehrwert. Daher gilt der Grundsatz: Qualität vor Quantität.

4.1.1 ORM-Veröffentlichungen sind Backlinks

Ein entscheidender Vorteil von PR-Veröffentlichungen, Profilen oder Bewertungsplattformen und anderen ORM-Maßnahmen ist, dass sie oft Backlinks auf die Unternehmenswebsite enthalten – und zwar in unterschiedlichen Formen.

Ein Artikel in einer renommierten Tageszeitung oder einem Fachmagazin beispielsweise nennt nicht nur den Unternehmensnamen oder die Dienstleistungen, sondern enthält oft auch eine direkte Verlinkung zur Unternehmenswebsite. Ebenso verweisen Bewertungsplattformen wie Google Business, Trustpilot, ProvenExpert oder Kununu häufig auf die offizielle Website eines Unternehmens.

Auch Profile auf Social Media, wie LinkedIn, Instagram oder Facebook oder in Branchenverzeichnissen enthalten meist Links zur eigenen Website. Sogar Auszeichnungen und Zertifizierungen werden häufig mit einer Linksetzung auf die Unternehmensseite verbunden, um die Glaubwürdigkeit und Reputation weiter zu unterstreichen. Und selbst wenn keine Backlinks typischerweise vorhanden sind, können diese bewusst gesetzt werden. An dieser Stelle zeigt sich der wahre Mehrwert einer integrierten Strategie: Alle Maßnahmen des Online-Reputationsmanagements, die zuvor einzeln betrachtet wurden – ob PR-Arbeit, Medienberichte, Bewertungsplattformen oder Social-Media-Profile – wirken nicht nur auf das Image eines Unternehmens, sondern gleichzeitig auf dessen SEO-Performance.

Wenn ORM-Maßnahmen gezielt mit Bedacht umgesetzt werden und dabei bewusst auf die richtige Setzung von Backlinks geachtet wird, entsteht ein starker

Hebel für die Suchmaschinenoptimierung. Die (Unternehmens-)Website profitiert von einer besseren Sichtbarkeit, einem höheren Ranking und einer gesteigerten Autorität im digitalen Raum.

4.1.2 Nicht alle Verlinkungen haben denselben Mehrwert

Um noch einmal darauf hinzuweisen: SEO teilt sich in drei Teilbereiche – Content, technische Optimierung und Backlinks/Offpage-SEO. Und Backlinks profitieren massiv von Online-Reputationsmanagementmaßnahmen. Doch nicht alle Backlinks sind gleich wertvoll – und genau hier liegt der entscheidende Punkt.

Google vertraut Webseiten, denen auch Menschen vertrauen. Das sind bekannte Marken, große Unternehmen und vor allem etablierte Medienhäuser. In Deutschland zählen dazu beispielsweise die Frankfurter Allgemeine Zeitung, die Süddeutsche Zeitung, DIE WELT, das Handelsblatt oder der Spiegel. Neben klassischen Nachrichtenseiten gehören aber auch lokale Medien und branchenspezifische Fachmedien zu den relevanten Akteuren.

Allerdings reicht es nicht aus, einfach nur irgendwo erwähnt zu werden. Man muss die Art der Verlinkung verstehen, um das volle SEO-Potenzial auszuschöpfen. Grundsätzlich unterscheidet man drei Hauptarten von Backlinks:

1. **Do-Follow-Links**
   Diese Links sind aus SEO-Sicht die wertvollsten. Sie signalisieren Google, dass die verlinkende Seite die Zielseite als relevant und vertrauenswürdig einstuft. Der sogenannte „Link Juice" – also die Weitergabe von Autorität – stärkt das Ranking der verlinkten Seite direkt.
2. **No-Follow-Links**
   No-Follow-Links enthalten eine Anweisung für Suchmaschinen, den Link nicht als Ranking-Faktor zu berücksichtigen. Dennoch können sie wertvoll sein, da sie echten Traffic liefern und die Markenbekanntheit steigern. Zudem existiert die Vermutung, dass Google No-Follow-Links zwar berücksichtigt, aber dies nicht offiziell bekannt macht.
3. **Sponsored-Links**
   Diese Links entstehen durch bezahlte Kooperationen oder Advertorials. Google wertet sie nicht als natürliche Empfehlung, weshalb sie in der Regel keinen direkten Einfluss auf das Ranking haben.

4.1.3 Warum selbst No-Follow-Links wertvoll sein können

Der entscheidende Punkt ist, dass nicht alle Maßnahmen des Online-Reputationsmanagements denselben SEO-Wert haben. Advertorials (bezahlte Veröffentlichungen) enthalten in der Regel No-Follow- oder Sponsored-Links, was aus SEO-Sicht einen geringeren Wert für Google bedeutet. Ähnlich verhält es sich auf Bewertungsplattformen, die oft restriktiv mit externen Verlinkungen umgehen.

Trotzdem kann sich eine Platzierung in solchen Medien lohnen. Selbst wenn kein Do-Follow-Link gesetzt wird, können Erwähnungen des Markennamens („Brand Mentions" oder „Linkless Mentions") einen positiven Einfluss auf das Ranking haben (Neumann, 2021). Sie helfen, die Autorität einer Marke zu stärken, sorgen für höhere Sichtbarkeit und können langfristig das Vertrauen von Google steigern.

Die optimale Strategie besteht also darin, Do-Follow-Links gezielt zu setzen, aber auch No-Follow-Links und Sponsored Links nicht zu unterschätzen. Eine starke Online-Präsenz, die sowohl hochwertige Backlinks als auch Markenerwähnungen umfasst, sorgt für nachhaltigen SEO-Erfolg.

4.2 Synergieeffekte aus einer Vertrauenssicht

4.2.1 Idealtypische Customer Journey bei High-Involvement-Produkten

Wie profitieren Online-Reputationsmanagement und Suchmaschinenoptimierung voneinander? Die kurze Antwort: SEO in Kombination mit ORM deckt die gesamte Customer Journey ab. Um das zu verdeutlichen, betrachten wir eine ideale Customer Journey bei High-Involvement-Produkten.

> **Definition: Customer Journey**
>
> Die Customer Journey beschreibt alle Berührungspunkte, die eine Person mit einer Marke, einem Unternehmen oder einer Dienstleistung hat – von der ersten Wahrnehmung bis hin zum Kauf und darüber hinaus zur Weiterempfehlung.◄

4.2 Synergieeffekte aus einer Vertrauenssicht

Ein bewährtes Modell zur Analyse dieser Reise ist das AIDA-Modell. Die Phasen dieses idealtypischen Modells durchläuft jeder Interessierte, bis dieser zum Kunden wird (und auch bis darüber hinaus):

- Attention (Aufmerksamkeit)
- Interest (Interesse)
- Desire (Verlangen)
- Action (Handlung)

Suchmaschinenoptimierung hat den großen Vorteil, dass sie Nutzer genau dann erreicht, wenn bereits ein Interesse besteht. Wer etwa nach „Schuhe kaufen" googelt, hat bereits eine Kaufabsicht – im Gegensatz zu jemandem, der zufällig an einer Werbetafel mit Schuhwerbung vorbeigeht, hier muss erst **Aufmerksamkeit (Attention)** geweckt werden. Während klassische Werbung oft auf Menschen trifft, die gerade nicht in Kauflaune sind, holt SEO potenzielle Kunden genau im richtigen Moment ab.

Sobald die Webseite durch eine gute Platzierung in den Suchergebnissen sichtbar wird, tritt der Interessent in die nächste Phase ein: **Interest (Interesse)**. Er klickt auf die Webseite, informiert sich über die Dienstleistung oder das Produkt.

Besonders bei B2B-Dienstleistungen und High-Involvement-Produkten ist der Entscheidungsprozess aber komplexer. Interessenten recherchieren nicht nur das Angebot, sondern prüfen gezielt die Reputation eines Unternehmens und vergleichen diese. Dazu gehören Bewertungen, Erfahrungsberichte und Medienberichte.

Ein potenzieller Kunde gibt beispielsweise bei Google ein: „Erfahrungen mit Unternehmen XY".

Genau hier spielt Online-Reputationsmanagement seine Stärke aus. Statt auf negative oder unzureichende Informationen zu stoßen, findet der Interessent:

- Hochwertige Bewertungen und positive Erfahrungsberichte
- Fachartikel über das Unternehmen in renommierten Medien
- Erwähnungen des Geschäftsführers als Experte in der Branche

Das schafft Vertrauen und sorgt für eine positive Wahrnehmung – die entscheidende Voraussetzung für den nächsten Schritt in der Customer Journey: **Desire (Verlangen)**.

Der Nutzer fühlt sich in seiner Entscheidung bestätigt und trifft schließlich die **Action (Handlung)** – den Kauf oder die Kontaktaufnahme.

> **Wichtig**
> Durch die enge Verknüpfung von SEO und Online-Reputationsmanagement wird die gesamte Customer Journey optimal begleitet:
>
> - **Aufmerksamkeit** ist bereits gegeben
> - **Interesse** wird durch Suchmaschinenoptimierung geweckt
> - **Verlangen** wird durch ein starkes Online-Reputationsmanagement gestärkt
> - Die **Kaufentscheidung** fällt durch das Zusammenspiel aller Faktoren
>
> Diese Synergie sorgt für eine höhere Conversion-Rate und langfristigen Unternehmenserfolg.

4.2.2 SEO-Optimierung der Online-Reputationsmaßnahmen

Der dritte Grund, warum SEO in Kombination mit ORM seine volle Wirkung entfällt ist folgender: Ohne gezielte SEO-Optimierung der ORM-Maßnahmen selbst, wäre ORM kaum sichtbar – und damit wenig wirkungsvoll. Ein gut platzierter Artikel in einem renommierten Medium beispielsweise einer bekannten Tageszeitung, kann für die Glaubwürdigkeit eines Unternehmens von unschätzbarem Wert sein. Doch dieser Effekt bleibt begrenzt, wenn der Artikel nur auf der ursprünglichen Plattform existiert und nicht aktiv für die Google-Suche optimiert wird.

Die zentrale Frage lautet also: Wie stelle ich sicher, dass meine Online-Reputationsmaßnahmen nicht nur innerhalb der Medien sichtbar sind, sondern auch in den Suchergebnissen von Google auftauchen?

Suchmaschinenoptimierung ist der entscheidende Faktor, um die Wirkung von Online-Reputationsmanagement (ORM) zu maximieren. Denn selbst ein hochwertiger Artikel entfaltet nur dann seine volle Wirkung, wenn er leicht auffindbar ist – insbesondere dann, wenn potenzielle Kunden oder Geschäftspartner gezielt nach dem Unternehmen oder dem Geschäftsführer suchen.

Ein Beispiel: Ein Geschäftsführer gibt ein Interview in einem bekannten Wirtschaftsmagazin. Interessenten, die sich über ihn oder sein Unternehmen informieren wollen, suchen möglicherweise nach seinem Namen oder der Firma bei

4.2 Synergieeffekte aus einer Vertrauenssicht

Google. Wenn der Fachartikel jedoch nicht unter den ersten Sucherergebnissen erscheint, bleibt das Potenzial der Veröffentlichung ungenutzt.

Um das zu verhindern, müssen verschiedene SEO-Maßnahmen gezielt eingesetzt werden, um Artikel, Bewertungsplattformen und andere Reputationsmaßnahmen in der Google-Suche sichtbar zu machen. Nachfolgend sind die Kernfaktoren der SEO-Optimierung eines Presseveröffentlichung aufgezeigt.

1. **Keyword-Optimierung und H1-Struktur**
   Damit ein Fachartikel in der Google-Suche für relevante Suchanfragen erscheint, muss das Haupt-Keyword strategisch platziert werden.
   - Das wichtigste Keyword (z. B. der Name des Geschäftsführers oder des Unternehmens) sollte in der Hauptüberschrift (H1) enthalten sein.
   - Zusätzliche relevante Begriffe wie „Erfahrungen" können in Unterüberschriften (H2, H3) integriert werden.
   - Ein gut strukturierter Artikel mit übersichtlichen Absätzen und Zwischenüberschriften verbessert nicht nur die Leserfreundlichkeit, sondern auch die Auffindbarkeit.

2. **Backlinks: Aufbau eines Netzwerks von vertrauenswürdigen Webseiten**
   Auch für Reputationsmaßnahmen gilt:
   - Veröffentlichte Artikel sollten untereinander verlinkt werden. Beispiel: Ein Presse-Artikel kann zu einem früher erschienenen Artikel auf einer anderen Plattform verlinken.
   - Das Unternehmen kann selbst aktiv dazu beitragen, indem es auf seiner eigenen Website nicht nur auf die eigene Unternehmensseite, sondern auch auf veröffentlichte Medienartikel verlinkt.
   - Zusätzlich können Kooperationen mit anderen vertrauenswürdigen Webseiten aufgebaut werden, um ein starkes Netzwerk aus thematisch passenden und hochwertigen Verlinkungen zu schaffen.

3. **Brand-Keywords stärken die Relevanz für Google**
   Google bewertet die Reputation und Vertrauenswürdigkeit einer Marke auch anhand der Häufigkeit, mit der sie online erwähnt wird – insbesondere in qualitativ hochwertigen Medien.
   - Fachartikel sollten daher gezielt mit dem Unternehmensnamen und dem Namen des Geschäftsführers verknüpft sein.

- Zusätzlich kann es sinnvoll sein, Brand-Keywords in Kombination mit positiven Begriffen zu stärken (z. B. „[Unternehmensname] Erfahrungen", „[Unternehmensname] Qualität").
- Auch linklose Erwähnungen („Brand Mentions") können sich positiv auf das Ranking auswirken, da Google diese als Signal für Relevanz wertet.

4.3 Die perfekte Symbiose von SEO und Online-Reputationsmanagement

Online-Reputationsmanagement und Suchmaschinenoptimierung sind eng miteinander verzahnt. Der große Vorteil für Unternehmen liegt darin, dass durch die Kombination beider Maßnahmen die gesamte Customer Journey abgedeckt wird – von der ersten Aufmerksamkeit bis hin zur finalen Kaufentscheidung. Suchmaschinenoptimierung hilft, Interessenten gezielt in den Suchergebnissen abzuholen, während Online-Reputationsmanagement Vertrauen aufbaut und die Kaufbereitschaft erhöht.

Das Ergebnis:

- Schnellere Sichtbarkeit und Aufmerksamkeit für das Unternehmen
- Höhere Überzeugungskraft durch gezielt platzierte, glaubwürdige Inhalte
- Mehr Umsatz und langfristige Kundenbindung durch eine optimierte Online-Präsenz

Unternehmen, die SEO und Reputationsmanagement gezielt miteinander verknüpfen, profitieren nicht nur von besseren Rankings, sondern auch von einer stärkeren Marke, mehr Vertrauen und letztlich mehr Geschäftserfolg.

Suchmaschine versus Künstliche Intelligenz (KI)

5.1 Too Big to Fail

Im wirtschaftlichen Kontext wird der Begriff „Too Big to Fail" verwendet, um Unternehmen zu beschreiben, die eine so große Marktmacht besitzen und über derart umfangreiche Ressourcen und finanzielle Mittel verfügen, dass es nahezu unmöglich erscheint, dass sie scheitern könnten. Diese Unternehmen sind in ihrer Branche so dominant, dass ihr möglicher Zusammenbruch weitreichende wirtschaftliche Konsequenzen hätte, die das gesamte System destabilisieren könnten.

Beispiele für „Too Big to Fail" finden sich im Aktienmarkt insbesondere bei sogenannten Blue-Chip-Aktien. Diese Aktien gehören zu den größten und finanziell stabilsten Unternehmen einer Volkswirtschaft. Sie zeichnen sich durch ihre breite Marktstellung, hohe Liquidität und beständige Rentabilität aus. Aufgrund dieser stabilen finanziellen Grundlage und ihrer enormen Größe werden sie als besonders sichere Investments angesehen. Die Anleger glauben, dass solche Unternehmen so gut aufgestellt sind, dass sie in der Lage sind, wirtschaftliche Krisen zu überstehen, ohne zu „versagen" – eben „too big to fail".

Überträgt man dieses Konzept auf den Bereich der Suchmaschinen, lässt sich eine ähnliche Argumentation aufstellen. Google, das Unternehmen hinter der weltweit führenden Suchmaschine, und Microsoft, der Betreiber von Bing, gehören ebenfalls zu den „Too Big to Fail"-Akteuren der digitalen Welt. Beide Unternehmen verfügen über immense Ressourcen, sowohl finanzieller als auch technologischer Natur. Google, mit seiner Muttergesellschaft Alphabet, beherrscht den Suchmaschinenmarkt und ist nicht nur in der Suchmaschinenoptimierung (SEO) ein zentraler Akteur, sondern auch in zahlreichen anderen Bereichen wie Werbung, Cloud Computing und Künstliche Intelligenz (KI).

Microsoft ist ebenfalls eine dominierende Kraft, vor allem durch die enge Verbindung von Bing mit seinem riesigen Ökosystem aus Softwarelösungen und seiner Cloud-Infrastruktur.

In Bezug auf Suchmaschinen und Suchmaschinenoptimierung lässt sich also die These aufstellen, dass es – Stand 2025 – äußerst unwahrscheinlich ist, dass Künstliche Intelligenz (KI) Suchmaschinen vollständig ersetzen wird. Vielmehr wird die Integration von KI in bestehende Suchmaschinensysteme als viel wahrscheinlicher angesehen. KI-Technologien wie maschinelles Lernen, natürliche Sprachverarbeitung und semantische Analysen werden bereits heute genutzt, um Suchergebnisse zu verfeinern und die Nutzererfahrung zu verbessern. Es ist daher zu erwarten, dass sich die Suchmaschinen in den kommenden Jahren weiterentwickeln und KI verstärkt in ihre Suchalgorithmen integriert wird.

Die Kombination von traditioneller Suchmaschinenoptimierung und modernen KI-Technologien wird voraussichtlich die Grundlage für die zukünftige Entwicklung im Bereich der Suchmaschinen bilden. Anstatt dass KI die traditionellen Suchmaschinen ersetzt, wird sie zunehmend als Werkzeug zur Verbesserung und Verfeinerung von Suchprozessen genutzt, was zu einer symbiotischen Beziehung zwischen den beiden Systemen führen könnte. Diese fortlaufende Integration von KI und Suchmaschinen ist nicht nur wahrscheinlich, sondern wird wahrscheinlich die Art und Weise verändern, wie Unternehmen SEO betreiben und wie Nutzer mit Suchmaschinen interagieren. In dieser Dynamik werden die „Too Big to Fail"-Unternehmen wie Google und Microsoft nach wie vor eine Schlüsselrolle spielen und den Markt maßgeblich prägen.

5.2 Suchintention der Nutzer

Die zweite große Argumentation, warum es unwahrscheinlich ist, dass Suchmaschinen durch Künstliche Intelligenz (KI) vollständig ersetzt werden, lässt sich in der Intention der Nutzer finden. Die Hauptaufgabe jedes Programms, sei es eine Suchmaschine oder eine KI, ist es, die Bedürfnisse und Absichten der Nutzer zu erfüllen. Ein grundlegendes Ziel von Suchmaschinen ist es, den Nutzern die gewünschten Informationen schnell und effizient bereitzustellen. Wenn sich ein Nutzer beispielsweise über ein bestimmtes Thema informieren möchte, ist es die Aufgabe der Suchmaschine oder der KI, diese informierende Funktion optimal zu erfüllen.

Warum ist es für Programme so wichtig, die Intention der Nutzer zu verstehen und zu erfüllen? Kurz gesagt: Es geht um Geld. Je zufriedener die Nutzer sind, desto wahrscheinlicher ist es, dass sie länger auf der Plattform bleiben und

5.2 Suchintention der Nutzer

auch in Zukunft zurückkehren, wenn sie ein neues Problem haben. Dies führt zu einer höheren Nutzerbindung, was sich direkt auf die Einnahmen auswirkt. Suchmaschinen und KI-Anbieter haben unterschiedliche Geschäftsmodelle, aber beide möchten in erster Linie, dass die Nutzer auf ihrer Plattform bleiben und immer wieder zurückkehren. Nur so können sie ihre Monetarisierungsmöglichkeiten, wie Werbung und Premium-Dienste, maximieren.

Wenn wir uns nun konkret die Intentionen der Nutzer bei der Verwendung von Künstlicher Intelligenz und Suchmaschinen ansehen, wird klar, dass diese beiden Systeme teilweise miteinander konkurrieren, aber in anderen Aspekten auch nebeneinander existieren können, ohne in direkter Konkurrenz zu stehen.

Bei der Analyse der verschiedenen Suchintentionen der Nutzer, sowohl bei Suchmaschinen als auch bei Künstlicher Intelligenz (KI), wird deutlich, dass diese beiden Technologien unterschiedliche Bedürfnisse der Nutzer bedienen und ihre jeweiligen Stärken ausspielen. Um die Unterschiede und Überschneidungen besser zu verstehen, lässt sich dies in mehrere Kategorien unterteilen, deren Erläuterung nun folgt.

5.2.1 Suchmaschinen: Aufschlüsselung nach Suchintentionen

Informativ Diese Suchintention ist relativ selbsterklärend. Der Nutzer möchte sich zu einem bestimmten Thema informieren. Dies kann eine einfache Anfrage sein, wie zum Beispiel „Was ist der höchste Berg Europas?", aber auch eine komplexere Frage wie „Ethische Standards bei In-vitro-Fertilisation". Suchmaschinen sind in der Lage, eine Vielzahl von Quellen zu durchsuchen, um die relevantesten Informationen bereitzustellen.

Visit (Besuch) In diesem Fall möchte der Nutzer eine bestimmte Webseite erreichen. Beispielsweise könnte dies die Seite des eigenen Arbeitgebers, ein Online-Shop zum Einkaufen oder die Webseite einer Fluggesellschaft für den Check-in sein. Suchmaschinen helfen dabei, diese Seiten schnell und effizient zu finden, indem sie die URL oder den Namen der Website als Schlüsselwort verwenden.

Do/Transaktional (Handeln) Diese Suchintention hat vor allem kommerzielle Ziele, bei denen der Nutzer eine Handlung vornehmen möchte, wie zum Beispiel einen Kauf zu tätigen oder einen Dienst in Anspruch zu nehmen. Für Suchmaschinen ist dies eine der wertvollsten Intentionen, da hier häufig Transaktionen stattfinden, die häufig mit Werbeeinnahmen verbunden sind. Ein Nutzer, der nach „Laptops kaufen" sucht, hat die Absicht, ein Produkt zu erwerben, und daher ist die Wahrscheinlichkeit hoch, dass er auf bezahlte Anzeigen oder kommerzielle Links klickt.

5.2.2 Künstliche Intelligenz: Aufschlüsselung nach Nutzerintentionen

Informativ Auch bei KI kann der Nutzer eine Informationsanfrage stellen. Der Vorteil der KI im Vergleich zu Suchmaschinen liegt darin, dass sie auf personalisierte, individuell zugeschnittene Suchanfragen reagieren kann. Der Nutzer kann eine Frage stellen, und die KI kann darauf basierend eine fortlaufende, angepasste Antwort liefern. Dies erlaubt eine genauere Anpassung der Informationen und eine interaktive Kommunikation.

Kreativprozess Ein weiterer bedeutender Bereich, in dem KI häufig eingesetzt wird, ist die Unterstützung von kreativen Prozessen wie dem Schreiben von Texten, Schreiben von Codes oder der Entwicklung von Ideen. Nutzer verwenden KI, um beim Brainstorming zu helfen, Texte zu formulieren oder kreative Inhalte zu erstellen, wie etwa Bilder oder Videos. Hierbei dient die KI als kreativer Assistent, der den Nutzern hilft, ihre Ideen zu konkretisieren oder zu verfeinern. In diesem Zusammenhang kann KI die Produktivität erheblich steigern, insbesondere in Bereichen wie Content Creation oder Marketing.

Personal Assistant (Persönlicher Assistent) Einige KIs positionieren sich auch als persönliche Assistenten. Diese KIs sind darauf ausgelegt, alltägliche Aufgaben zu erleichtern, indem sie dem Nutzer helfen, seine Termine zu verwalten, E-Mails zu organisieren oder sogar einfache Entscheidungen zu treffen. In diesem Fall fungiert die KI weniger als Informationsquelle und mehr als Unterstützung im täglichen Leben des Nutzers. Hier ist der Wert der KI, dass sie eine proaktive Hilfe bietet und so eine effizientere Nutzung von Zeit und Ressourcen ermöglicht.

Tab. 5.1 Vergleich der Nutzerintentionen zwischen Suchmaschinen und Künstlicher Intelligenz, eigene Darstellung

	Suchmaschine	Künstliche Intelligenz (KI)	Konkurrenz?
Informierend	Ja.	Ja.	Ja.
Visit	Ja.	Nein, teilweise.	Kaum.
Do/Transaktional	Ja.	Nein, teilweise.	Kaum.
Schreiben & Kreativ	Nein.	Ja.	Kaum.
Personal Assistant	Nein.	Ja.	Kaum.

5.3 Fazit

Es fällt also auf, dass sich die Intentionen, die Suchmaschinen und Künstliche Intelligenz (KI) bearbeiten wollen, nur teilweise überschneiden.

Die Tab. 5.1 verdeutlicht dies: Während sowohl Suchmaschinen als auch KI bei der informierenden Suchintention eine klare Übereinstimmung aufweisen, unterscheiden sich ihre Stärken in den anderen Kategorien. Suchmaschinen sind nach wie vor führend im Bereich der Navigation zu Webseiten (Visit) und bei transaktionalen Anfragen (Do/Transaktional). In den Bereichen Kreativität und Schreiben sowie bei der Funktion als persönlicher Assistent liegt der Fokus eher auf KI, da diese hier verstärkt zur Unterstützung des kreativen Prozesses oder der Verwaltung von persönlichen Aufgaben genutzt wird.

Es wird deutlich, dass Suchmaschinen und KI sich derzeit nicht vollständig ersetzen, sondern vielmehr ergänzen. Beide Technologien entwickeln sich ständig weiter. Suchmaschinenoptimierung (SEO) bleibt ein wesentlicher Bestandteil der digitalen Landschaft, während KI zunehmend eine Rolle in der Personalisierung und der Unterstützung von kreativen Prozessen spielt. Die Synergie zwischen beiden wird in Zukunft weiter zunehmen, und es ist zu erwarten, dass SEO und KI-Handlungsweisen miteinander kombiniert werden, um sowohl Informationsanforderungen als auch kreative und personalisierte Aufgaben zu erfüllen.

Was sie aus dem *essential* mitnehmen können

- Als Autoren möchten wir uns an dieser Stelle herzlich bei Ihnen, unseren Lesern, bedanken. Wir hoffen, dass Ihnen die Lektüre dieses Buches Freude bereitet hat und Sie wertvolle Erkenntnisse für Ihre eigene Marketing- oder unternehmerische Reise gewinnen konnten.
- Unser Ziel war es, Ihnen ein umfassendes Verständnis für die Grundlagen der Suchmaschinenoptimierung (SEO) und des Online-Reputationsmanagements (ORM) zu vermitteln. Gleichzeitig wollten wir aufzeigen, wie die Kombination dieser beiden Disziplinen Synergieeffekte erzeugt, die sowohl die Sichtbarkeit als auch das Vertrauen in eine Marke oder ein Unternehmen stärken.
- Wir hoffen, dass Sie sich – sei es als Unternehmer, Marketer oder Interessent – in den geschilderten Strategien wiederfinden konnten und für sich bewerten können, ob und in welcher Form diese Ansätze für Ihr Unternehmen sinnvoll sind. Kontaktieren Sie uns gerne persönlich (seosupport.de). Sollte dieses Buch Sie dazu inspiriert haben, neue Wege in der digitalen Vermarktung zu gehen, haben wir unser Ziel erreicht.
- Vielen Dank für Ihr Interesse und Ihr Vertrauen!

Literatur

Beus, J. (2025). *Google Ads: Nur 6,8% aller Google-Klicks gehen auf Ads-Anzeigen.* SISTRIX. https://www.sistrix.de/frag-sistrix/seo-grundlagen/google/google-ads/.
Neumann, O. (30. März 2021). *Linkless Backlinks: Erwähnungen als SEO-Strategie?* Semtrix. https://www.semtrix.de/linkless-backlinks/.
Petrov, S. (2022). Quick Guide Online-Reputation für KMU: Wie Sie Ihren guten Ruf im Netz aufbauen und erhalten. *Springer Fachmedien.* https://doi.org/10.1007/978-3-658-37415-0.
Sünderhauf, V. (2022). *Grundlagen der Offpage-Optimierung: Suchmaschinenranking verbessern durch Linkaufbau, Reputationsmanagement, Content-Seeding und Co/.* Springer. https://link.springer.com/book/10.1007/978-3-658-38849-2.
Sünderhauf, V., & Petrov, S. (2018). *Smart David vs Digital Goliath.* Redline Verlag. https://www.m-vg.de/redline/shop/article/14061-smart-david-vs-digital-goliath/.
Sullivan, D. (11. November 2010). *Dear Bing, We Have 10,000 Ranking Signals To Your 1,000. Love, Google.* Search Engine Land. https://searchengineland.com/bing-10000-ranking-signals-google-55473.

The manufacturer's authorised representative in the EU is Springer Nature Customer Service Centre GmbH, Europaplatz 3, 69115 Heidelberg, Germany. If you have any concerns regarding our products, please contact ProductSafety@springernature.com

Printed and bound by CPI Group (UK) Ltd, Croydon, CR0 4YY
23/03/2026
02076400-0002